「ありがとう」という品性

なぜ「ありえない」が感謝の言葉になるのか

日本の歴史を公正に再見するための歴史研究会「歴史観測」主宰
尾崎克之

啓文社書房

【目次】

選別された「方言」こそが「標準語」……42
「ありがとう」が標準語になった瞬間……47
国語辞典に載っていなかった「ありがとう」……52
実は京都弁だった「ありがとう」……58
宣教師による戦国時代日本語研究の凄まじさ……62
1603年刊行ポルトガル語辞書に載っている「ありがとう」……64
方言にうるさかった宣教師の『日葡辞書』……68

第2章

「ありがたい vs. かたじけない」のシェア競争

第3章

決して謝らない平安貴族と「ありがとう」の関係～『源氏物語』から

第4章
創造しない日本の神と「ありがとう」の関係〜本居宣長から〜

おわりに

密やかに世界に誇るべき「ありがとう」の世界観

序章

「ありがとう」の相手は「人」ではなく「世の中」

実は自虐風、逆説的な「ありがとう」という言葉

「ありがとう」という言葉は、実は逆説的な言葉です。国語学的には「ありがたい（有り難い）」の連用形「ありがたく（有り難く）」がウ音便化した言葉が「ありがとう（有り難う）」ということになるのですが、では、「ありがたい」とはどういう意味でしょうか。

もちろん、その答えは簡単で、「ある（有る）」のが「難しい」、つまり「ありえない」という意味です。口に出すにせよ頭の中で思うにせよ私たちは一日に何度「ありがとう」という言葉を使うかわからず、そのたびに私たちは「ありえない、ありえない」と言っていることになります。

では、「ありえない」とはどういうことでしょうか。たとえば、あなたがしてくれたことは「ありえない」ほど素晴らしいから「ありがとう」、いま目の前に広がっている風景は「ありえない」ほど美しいから「ありがとう」、ということになるわけですが、では、

「ありえない」というのは、いったい「どこ」に「ありえない」のでしょうか。

もちろん、この答えも簡単で、「世の中」に「ありえない」のです。「この世の中にこんなことがあるはずがない」が「ありがとう」の本義です。

そして「ありがとう」は、「この世の中にありえない」という状況を単にそのまま述べているに過ぎません。そこには、たとえば英語の感謝の言葉「Thank you.」や「I appreciate it.」に見られるような「you」や「it」、つまり誰に感謝しているのか、何事に対して感謝しているのかという感謝の対象も出てきません。「ありがとう」は、ただただ「ありえない」という状況だけを言っているのです。

ここでひとつ、疑問が生まれます。ベルギーの高級チョコレートブランド「ゴディバ」が20〜60代の男女各250人合計500人を対象に行った2019年のアンケート調査によると、「ありがとう」という言葉を日本人が使う頻度は一日平均14・1回だそうです。8時間ほどの睡眠をとる人であれば、ほぼ1時間に1回、「ありがとう」と言っていることになります。ちなみに、20代男性が最も多くて一日平均29・4回、60代男性が最も少なくて3・5回です。この差はおそらく「LINE」をはじめとするインターネットSNSの利用頻度に比例した数字なのでしょう。

1時間に1回のペースで「ありえない」と言わなければならないことが起こるのだとすれば、日本人はそもそも、相当にダメな世の中をまず想定しているということになります。ここが疑問のキーポイントです。

当然のことですが、「自分はこういう世の中に生きている」「世の中とはこういうものである」という考えが先になければ、「ありえない」という判断はできません。「世の中とは？　なんて考えたこともない」などなど、人それぞれの事情は関係ありません。日本語を使う限り、そこには必ず日本人古来の「世の中」観、つまり日本民族の世界観が反映されてしまいます。

ちなみに「民族」の明確な定義は日本の法令にも国際規約にも存在しません。学術的には、「言語・人種・文化・歴史的運命を共有し、同族意識によって結ばれた人々の集団」とされています。これが「民族」の一般的解釈です。言語が先頭にきます。

さて、うれしいことや愉快なことが起きた時に私たちは「ありがとう」という言葉を使うわけですが、それはつまり、1時間に1回というかなりの頻度で起こるそのうれしいことや愉快なことがそもそも「世の中」には想定されていない、ということを意味しています。

1時間に1回のペースの「ありがとう」の中には、おそらくは些細《ささい》で取るに足らないものまで含まれているはずです。そんな些細で取るに足らない喜びも起こるはずがないとされているほど私たちがそもそも想定している「世の中」はひどいものなのか？　それが「ありがとう」に必然的にへばりついてくる疑問です。

そして、実は、この答えも簡単です。その通り、日本人が考えるそもそもの「世の中」は、おいおいお話していきますが「いやなことばっかり」なのです。

「いやなことばっかり」の「世の中」だから、あるいは、「いやなことばっかり」の「世の中」のくせに、1時間に1回のペースで、そんな「世の中」には「ありえない」素晴らしいことが起こり、私たちは「ありがとう」と言うのです。

「ありがとう」は、喜び、やすらぎ、感動、慈しみ、敬愛に満ちた感謝の言葉であり、おそらくは最も美しい日本語です。そして、その陰には「いやなことばっかり」の「世の中」が常にへばりついている、実に逆説的に成り立っている感謝の言葉です。

重要なのは、こうして成り立っている「ありがとう」は、次項で述べるように日本語独特の感謝の言葉であること、つまり、「ありがとう」には、海外にはない日本人ならではのメンタリティが反映されているはずだ、ということです。

「ありがとう」を考えていくということは、日本民族の世界観のあり方を調べていく、ということに他なりません。

外国語の感謝の言葉と「ありがとう」の違い

「ありがたい」つまり「ありえない」あるいは「あるはずがない」「存在しえない」といった否定の意味の言葉が感謝の言葉として使われているケースは、外国語ではまず見受けられません。

たとえば英語圏では感謝を伝える時、強調の修飾語がさまざまにつくにせよ、基本的には、日常用語として「Thank you.」「I appreciate it.」「I'm grateful to you.」、社交辞令用語として「I'm indebted to you.」「I'm obliged to you.」などが使われます。

「thank」は「think」と語源が同じで、「思う」「考える」という意味であり、「Thank

you.」は「あなたのことを思う」という意味でできている感謝の言葉です。

「appreciate」は「評価する」という意味で、「あなたがしてくれた物事を私は評価する」という意味でできている感謝の言葉です。

「感謝」は英語で「gratitude」であり、「grateful」はストレートに「感謝に満ちている」という意味です。

「indebted」と「obliged」は似ています。ともに、「借りがある」「恩を施された」といった意味です。

こうした英語の感謝の言葉を見ていてまず気がつくのは、省略形のスラングとして「Thanks!」という形があるにせよ、先に少々触れた通り、すべて「you」「it」が付き、感謝の対象つまり感謝の理由が明らかにされている、ということです。「〝私〟は〝あなた〟に〝感謝〟する」が英語の感謝の言葉のスペックで、それが常にフルスペックで搭載されているのが英語の感謝の言葉です。

一方、日本語の「ありがとう」は、そこに〝私〟も〝あなた〟も〝感謝〟もなく、単に「ありえない」という状況を言うだけです。つまり、英語の感謝の言葉は感謝しようと思う「人」を相手にしているのに対し、日本語の「ありがとう」は「世の中」を相手にしています。

「感謝します」「礼を言います」「恩に着ます」、また、借りができたという意味合いの「（このままでは）すみません」など、英語にあるような語義を持つ感謝の言葉も、もちろん日本語にはあります。ただし、それらは何か特別なニュアンスを含めたい時に使われる言葉であり、うれしいことが起きた時にまず日本人の頭に浮かぶのは「ありがとう」という言葉です。

英語の感謝の言葉と見比べてみただけでも、「ありがとう」が独特な言葉であることがわかります。まず「人」を相手にするのではなく「世の中」を相手にする日本人独特のメンタリティが「ありがとう」には反映されています。いや、「集約されている」と言った方が正しいかもしれません。

そして日本人は、「ありがとう」という言葉が大好きです。

「ありがとう」が大好き、の統計的根拠

日本人は「ありがとう」が大好きである、ということには、ある程度の統計的な根拠があります。

官公庁調査委託機関のひとつとして知られる「日本リサーチセンター」が2019年12月から翌年の1月にかけて、同社のアンケートモニターシステム「サイバーパネル」を使い、「ふだん大事にしている言葉や好きな言葉」という調査を行ったことがあります。「公正、笑顔、感謝、希望、謙虚、自然、行動、自由、協調、情熱、正義、誠実、成長、責任、安定、変化、挑戦、努力、勇気、礼儀」の20個の言葉の中からいくつでもいいから好きな言葉を選んでくれ、という調査です。世代別にさほどの偏《かたよ》りはなく30〜60代をボリュームゾーンとして男性7143人、女性5442人の計1万2585人のデータが集まりました。

2020年1月に公表された結果によると、第1位は「感謝」でした。全体の50・1パ

ーセントが、大事にしている言葉あるいは好きな言葉として「感謝」を選びました。第2位は「誠実」で41・3パーセントでした。

調査結果には性別と世代別で若干の差があります。たとえば29歳以下の男性の第1位は「自由」、60歳以上の男性の第1位は「誠実」でした。とはいえ、ともに第2位に「感謝」がきています。

女性の場合、29歳以下の女性の第1位は「笑顔」で第2位が「感謝」、後の世代はすべて「感謝」が第1位となっています。

なお、調査結果を見る限り、女性の方が「感謝」という言葉が好き、あるいは大事にしています。女性全体の約59パーセントが「感謝」を選んでいます。

最下位は何だったでしょうか。「変化」です。性別にかかわらず、また、すべての世代における最下位が「変化」で、大事にしている言葉あるいは好きな言葉として「変化」を選んだのは全体の5・3パーセントでした。

とはいえ、これをもって、日本人は変化を好まない人々であるとするのは言い過ぎです。テレビやネットの、特に広告は、「変わる、変える、その次へ、なりたい、なる、なれる」といった変化絶対の言葉であふれています。

もちろんこれは好き嫌いといったことが関係しているわけではなく、現代の産業あるいは経済が成長するのに必要な条件が変化だから常にそういう状況にあるだけのことに過ぎませんが、それはさておき、多くの人は変化に対して決して否定的なわけではありません。この調査からは、「変化」という言葉は嫌いだ、という結果は読み取れません。好きな言葉としては挙げられていない、というだけのことです。

ただし、調査結果から、日本人の多くは「変化」にはあまり興味がない、ということは読み取ることができます。日本人は、物事および自分ないし周囲の人々が変化するのは当たり前のことで、良いとか悪いとか取り立てて言うようなことではない、と考えている節があります。このメンタリティもまた、本書の中で、「ありがとう」という言葉の意義とおいおい関係してくることになります。

もちろん、「感謝」という言葉が好きな人は「ありがとう」という言葉も好きである、とは限りません。「感謝」と「ありがとう」ではそもそも言葉そのものが違います。ただし、「ありがとう」が感謝を伝える言葉であるとされている限りは、「ありがとう」は日本人がいちばん好きな言葉の、少なくともその中のひとつであると考えていいはずです。

こうした、日本人が大好きな「ありがとう」の原理が見事に描かれている日本映画の名作があります。小津《おづ》安二郎《やすじろう》監督作品『東京物語』（松竹配給、1953年公開）です。

指摘されることはまずありませんが、『東京物語』は「ありがとう」でできている映画です。

「ありがとう」でできている小津映画『東京物語』

『東京物語』は、海外の映画関係者の間で最も評価の高い日本映画として知られています。

BFI（British Film Institute、英国映画協会）という組織が2022年12月、10年ぶりに「Directors' 100 Greatest Films of All Time（映画監督が選ぶ史上最高の映画100）」のランキングを更新しました。480名の各国映画監督による投票で決定されるランキングですが、『東京物語』はその第4位に入っています。

第1位はスタンリー・キューブリック監督作品『2001年宇宙の旅』、2位はオーソン・ウェルズ監督作品『市民ケーン』、3位はフランシス・コッポラ監督作品『ゴッドファーザー』でした。

なお、前回、２０１２年のランキングでは『東京物語』が第1位でした。最新版２０２２年のランキングにおける日本映画の後続は第14位『七人の侍』・第20位『羅生門』（共に黒澤明監督作品）で、第62位に小津安二郎監督作品の『晩春』（松竹配給、１９４９年公開）がランクインしています。

『東京物語』は、配給元の松竹によれば、《尾道に住む老夫婦、周吉ととみが東京で暮らす子供達を訪れるために上京する。子供達は久しぶりの再会で2人を歓迎するが、それぞれ家庭の都合もあり、構ってばかりはいられない。結局、戦死した次男の嫁、紀子が2人の世話をすることになる。老夫婦は子供達がすっかり変わってしまったことに気づくのであった》という作品です。《周吉》を笠智衆《りゅうちしゅう》、《とみ》を東山千栄子《ひがしやまちえこ》、《紀子》を原節子《はらせつこ》が演じています。《周吉》と《とみ》の間には、東京には出ておらず尾道で教師に就いている、香川京子《かがわきょうこ》が演じる《京子》という年若い末娘がいます。

さて、『東京物語』には、「ありがとう」あるいは「ありがと」というセリフが13回出てきます。日本語にはさまざまな気持ちをひとことに簡略化して伝えることができる「どうも」という便利な言葉がありますが、こちらはさらに多用されます。

また、「どうも」と同じく、「とても」や「たいへん」といった意味の修飾語だけで感謝を伝える関西弁として「おおきに」がありますが、これは東山千栄子が演じる《とみ》だけが2回、使っています。《周吉》は「おおきに」は使いませんから、《とみ》は少なくとも尾道ではない地域から嫁いできた人、ということになります。

そして、『東京物語』のクライマックス・シーンに登場する言葉こそが、実は「ありがとう」です。

東京から尾道に戻って早々に《とみ》が他界し、集合した実の子供たちは《京子》を除いて多忙を理由にそれぞれ自宅に帰り、《紀子》だけがしばらく尾道に残って《京子》とともに《周吉》の身の回りの面倒を見るわけですが、いよいよ《紀子》も東京へ帰ることになります。《紀子》と《周吉》が別れのあいさつを交わす、そのシーンの最後に《周吉》が言うセリフが次の通り、「ありがとう」です。

「妙なもんじゃ。自分が育てた子供より、いわば他人のあんたの方が、よっぽどわしらにようしてくれた。いやあ。ありがとう」（『東京物語』）

周吉「いやあ。ありがとう」
『東京物語』／小津安二郎DVD-BOX第一集（松竹）より

万事が淡々としている、特に小津調と呼ばれる戦後の小津安二郎監督作品にクライマックスという言い方はふさわしくないように思えますが、やはり、これはクライマックス・シーンです。

なぜなら、このシーンで《周吉》は初めて、「ありがとう」を、最後の音の「う」までフルにはっきりと発音しているからです。

他のシーンの《周吉》は、すべて「ありがと」で、軽い口調です。また、他の登場人物のセリフも、後に述べる一例を除き、すべて「ありがと」です。

「ありがとう」をフルに「ありがとう」と言う《周吉》のウェストアップと《紀

子》が顔を両手で覆って嗚咽《おえつ》するシーンの後、《京子》が学校の教室から《紀子》の乗る汽車を見送るシーン、汽車中の《紀子》、ひとりになった《周吉》と近所の人のやりとり、尾道水道を行くフェリー船のシーンで『東京物語』は終わります。

しかし、『東京物語』の実質的なエンディングは、やはり《周吉》の「ありがとう」と《紀子》の嗚咽です。学校のシーンからフェリー船のシーンは音楽で言うコーダあるいは余韻です。

『東京物語』が見事に示す「ありがとう」の原理

実はこの《周吉》の「ありがとう」と同様の「ありがとう」が、エンディングを待つことなく、『東京物語』には登場します。先の、一例を除き、の一例とはこれです。《とみ》が《紀子》のアパートに泊めてもらい、その翌朝の出かけ際《ぎわ》、《紀子》が《とみ》に小遣いの包みを差し出すシーンのセリフです。

とみ「だめですわ、あんた。こんなこと」
紀子「でも、気持ちだけなんですから」
とみ「いけん、いけん」
紀子「でも、お母さま」
とみ「だめよ、こんなことしちゃ」
紀子「どうぞ」
とみ「ううん。私のほうこそ、あんたにあげにゃいけんのに」
紀子「いいえ、そんなこと。ね、どうぞ、お母さま。どうぞ」
とみ「そう。すんませんな。じゃ、いただきます」
紀子「どうぞ」
とみ「あんたもいろいろ入用が多いんじゃろうに。こんなことまでしてもろうて、ほんとに、なんと言うたらええか。ありがとよう、のりさん。ありがと」（『東京物語』）

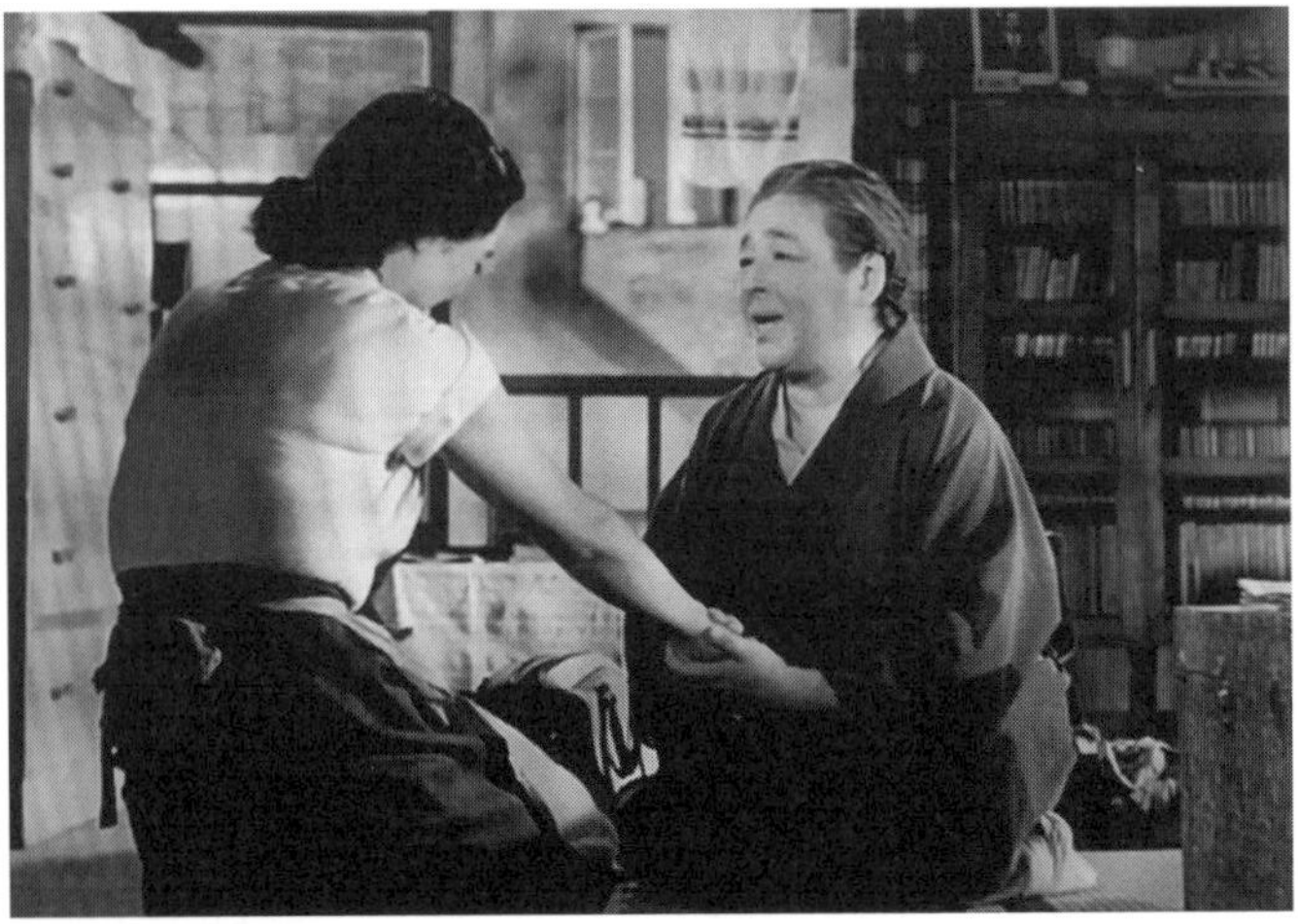

とみ「ありがとよう、のりさん」
『東京物語』／小津安二郎DVD-BOX第一集（松竹）より

《とみ》は、その温和な性格から、事あるごとに「おおきに」「ありがと」「どうも」をたくさん使います。ここでも、最後に「ありがと」が添えられていますが、その前に、先に触れた《周吉》の「ありがとう」同様の「う」をはっきりと発音するフルバージョンである「ありがとよう」が登場します。そして、このシーン以外に「ありがとよう」あるいは「ありがとう」は出てきません。

つまり、『東京物語』には、ここぞというシーンにおいてのみ、《とみ》の「ありがとよう」と《周吉》の「ありがとう」が登場するのです。頻繁に出てくる「おおきに」「どうも」「ありがと」は、この「ありがとよう」と「ありがとう」を際立たせるために出され続けているセリフです。

そして、重要なのは、《周吉》の「ありがとう」と《とみ》の「ありがとよう」には共通点があるということです。

《周吉》は、「自分が育てた子供より、いわば他人のあんたの方が、よっぽどわしらにようしてくれた」ことを「妙なもんじゃ」と思い、「ありがとう」と言います。

《とみ》は、「私のほうこそ、あんたにあげにゃいけんのに」という意味での小遣いの包みを差し出されて「だめよ、こんなことしちゃ」と思い、「ありがとよう」と言います。

ともに、そんなことはありえないと日頃から自分が考えていること、また、一般的にありえないとされていること、あるいはあってはならないことが目の前に生じたから「ありがとう」と言っているのです。

ここにあるのは、まさに「ありがとう」の語義「ありがたい＝ありえない」そのものの「ありがとう」です。

『東京物語』は、語義そのものから来ているわけではない受け答え程度の「ありがと」という感謝の言葉とそれを代替《だいたい》する簡略語「どうも」「おおきに」を散りばめながら、満《まん》を持《じ》したかたちで作品のちょうど中盤とまさにエンディングの2箇所のみに《とみ》の「ありがとよう」と《周吉》の「ありがとう」、つまり、語義「ありえない」そのものの「ありがとう」をフルバージョンで登場させているわけです。

小津調と呼ばれる小津安二郎監督作品の魅力の大半またはそれ以上は、共同脚本の野田《のだ》高梧《こうご》の手柄だというのが通説ですが、野田高梧は撮影現場に顔を見せることはなかったと伝えられていますから、セリフ回しなどの演出は小津安二郎監督に一任されていたということになります。小津監督は、杉村春子《すぎむらはるこ》（『東京物語』の《志げ》など）や二代目中村鴈《なかむらがん》治郎《じろう》（『小早川家《こはやかわけ》の秋』の《万兵衛》など）といった一部の実力派俳優を除き、自らが決めた演技内容を仕草からセリフから過不足なくきっちりと俳優に遂行させる演出で知られていました。

そしてまた、《周吉》を演じた笠智衆は《「小津映画では、我々俳優は、とにかく先生の言われるとおりにやるだけでした」「ヘンな芝居をして、先生の演出の邪魔をしないように、頭の中をカラッポにしていなくてはいけない」》と証言していますから（『小津安二郎先生の思い出』笠智衆、朝日新聞社、２００７年）、少なくとも《周吉》の「ありがとう」と「ありがと」との違いは小津安二郎の意識的な演出です。

どんな時に日本人は「ありがとう」と言うのか、心の底から「ありがとう」という言葉が出るのはどんな物事を目の前にした時か、偶然か意図的かはともかく、また、リアルか不自然かはともかく、とにかく日本人の琴線《きんせん》に確実に触れる演出がしつこく丁寧、慎重に積み重ねられてつくられているのが小津安二郎の映画です。《とみ》の「ありがとよう」と《周吉》の「ありがとう」は、その典型的な例です。

ただし、英国映画協会の「映画監督が選ぶ史上最高の映画100」における常連状態の上位選出をはじめ、『東京物語』がおしなべて海外で評価の高い理由がそこにあるとは限りません。

事件らしい事件がまったく起こらない脚本、「猫の目線」と呼ばれる極端に低いアングルやカメラをまったく動かさない撮影技法（実は『東京物語』には一箇所だけ、レール式移動カメラを使った上野寛永寺《うえのかんえいじ》前のシーンがあります。これを最後に以降の小津映画はカメラがぴくりとも動かなくなります）といったテクニカルな部分が海外の映画関係者にとって刺激的であり続けていることは確かなようですが、一方で、《小津は紀子を、最終的には、伝統を支持する高潔な人物ではなく（わがままではないにせよ）利己的としか言いようのない人物として描いている》（映画評サイト『OUT SIDE IN TOKYO』ESSAY ON OZU'S TOKYO MONOGATARI-Taking the Sixties out of Tokyo Monogatari/

Edan Corkillより抄訳）という部分に評価が高いようです。たとえば《紀子》が「私、ずるいんです。お父さまやお母さまが思ってらっしゃるほど、そういつもいつも昌二（戦死した夫、周吉・とみの次男）さんのことを考えているわけじゃありません」と告白して、ついには泣き出すシーンなどはその象徴といえそうです。

《こうした感情は特別に伝統的なものでも日本独特のものでもない普遍的なもの》（前掲エッセイ）なのです。在日外国人向け新聞『THE JAPAN TIMES』の学芸部記者を務めていた同エッセイの著者イーデン・コーキル氏がまとめとして述べていますが、《それが自国・日本と同様に小津映画が海外でも重要であり今でも魅力的である本当の理由》でしょう。

《紀子》のありようは、特にキリスト教文化圏の人々には原罪の思想が共通認識としてありますから理解と同調しやすいところかもしれません。しかし、次に挙げる《紀子》と《京子》のセリフが注目されることは、ありません。尾道で教師に就いている年若い末娘《京子》と別れの挨拶を交わすシーンです。

京子「いやあねぇ、世の中って」

紀子「そう。いやなことばっかり」
『東京物語』／小津安二郎DVD-BOX第一集（松竹）より

紀子「そう。いやなことばっかり」（『東京物語』）

「いやなことばっかり」と言う時の《紀子》の笑顔には格別なものがあります。悲嘆に沈んでいるわけではありません。あきらめていると同時に、そんな「世の中」を可愛らしくさえ思っている「いやなことばっかり」です。

指摘されることはまずありませんが、このシーンは小津安二郎傑出の名演出です。そして、『東京物語』が「ありがとう」の映画であることの源泉です。「いやなことばっかり」の「世の中」だから、あるいは「いやなことばっかり」の「世の中」のくせに、そんな「世の中」には「ありえない」素晴らしいことが起こるのです。しかしやはり「世の中」は「いやなことばっかり」であり、だから尾道から東京へと帰る汽車中の《紀子》の表情は暗くて重いのです。

《とみ》の「ありがとよう」と《周吉》の「ありがとう」、そして《紀子》の「いやなことばっかり」は、日本語と日本の生活に慣れ親しんだ人々にのみ理解の及ぶ、つまり日本人の琴線にのみ触れるセリフであり演出です。

小津作品が「日本的」であるのは、これが理由です。小津安二郎と同時代の映画監督である、平安・中世・近世の日本を舞台とする作品を得意とした溝口健二《みぞぐちけんじ》よりも、はるかに、当時の現代日本を舞台とした小津安二郎の方が日本的です。溝口作品のメンタリティはきわめて欧米風です。小津作品が確かに世界的に重要な映画作品であるとすれば、小津作品を他文化圏の人々よりもうひとつ深く楽しむことができる状況にいること自体、日本人は幸運です。

ただし、現代において日本的であると考えられているもの、日本独特と考えられているものが日本古来のものであるとは限りません。

「ありえない」「存在しえない」という意味の「ありがたい」の変化形「ありがとう」が

感謝を伝える言葉として現在のように広く使われるようになったのは、実は比較的新しく、20世紀の初頭、明治時代後半以降の話です。

「ありがとう」はいつどのように生まれたのでしょうか。「ありがとう」以前という時代があるとすれば、その時日本人はどのような言い方で感謝を伝えていたのでしょうか。そして、「ありがとう」と言う時に「相手にしている『世の中』」というものを、日本人はどのように考えてきたのでしょうか。

なぜ「ありがとう」は広まったのでしょうか。そして、なぜ「ありがとう」は愛されるのでしょうか。次章から見ていきます。

第1章

「ありがとう」はいつどこで生まれた?

明治時代後期に始まった「ありがとう」普及作戦

「ありがとう」という言葉が広く使われるようになったのは明治時代後半以降である、というのは実はあまり適切な言い方ではありません。結論から先に言えば、感謝を伝える言葉が「ありがとう」に絞られるようになったのは明治時代後半以降である、ということになります。

その要因は、「標準語」という、明治政府の教育政策上の思想です。そして、標準語の前段階として、「国語」という思想がありました。

まず、帝国大学博言学《はくげんがく》（今でいう言語学）科初代日本人教授の上田萬年《うえだかずとし》（1867〜1937）が著書『国語のため』（冨山房、1895年、改訂2版は1897年）の中で、英語「Standard Language」の日本語訳である「標準語」という言葉および後述するその概念を周知させました。アカデミズムからのそうした教示を受けて明治政府が文部省に国語調査委員会を1902（明治35）年に設置して、標準語の実質的な歴史が始まります。

しかし、明治期の、いわゆる近代化の潮流の中で日本の言語をどうするかという問題の核心は、その30年前、教育改革規定である「学制」が1872（明治5）年に公布された時点ですでに明らかにされていました。

「学制」は、全国を学区に分けて大学校・中学校・小学校を設置することで国民皆学《こくみんかいがく》を目指す学校制度の基本法令で、太政官《だじょうかん》によって公布されました。当時は内閣制度の発足（1885・明治18年）前ですから、奈良時代の757年に施行された養老律令《ようろうりつりょう》が生きており、国の最高行政機関は太政官と呼ばれていました。

109章からなる「学制」の序文にあたる太政官布告第214号「被仰出書《おおせいだされしょ》」に、次の一文があります。

《日用常行言語書算を初め士官農商百工技芸及び法律政治天文医療等に至る迄凡人の営むところの事学あらざるはなし》

〔訳〕日常使用する言語・書・算術をはじめ、役人・農民・商人・職人・芸人、また、法律・政治・天文・医療などに至るまで、あらゆる人間の営みにおいて、そこに学問の

ないことはない）

学問とすべき物事はわけへだてなくすべての場合にわたってある、ということなのですが、そのまず第一番目に日用常行言語、つまり「日常で使用する言語」がきているところがキーポイントです。

教育行政を執る文部省は「学制」が公布される前年の1871（明治4）年に設置されていました。文部省にその出身者を指導者として次々に送り込んでいた慶應義塾の創始者・福澤諭吉《ふくざわゆきち》は、「学制」公布よりも半年ほど早く発刊した著書『学問のすゝめ』の中で、次のように述べています。

《実なき学問はまず次にし、もっぱら勤むべきは人間普通日用に近き実学なり》

《学問をするに、いずれも西洋の翻訳書を取り調べ、たいていのことは日本の仮名にて用を便じ、あるいは年少にして文才ある者へは横文字をも読ませ、一科一学も実事を押え、その事につきその物に従い、近く物事の道理を求めて今日の用を達すべきなり》

もちろん、《もっぱら勤むべきは人間普通日用に近き実学》《たいていのことは日本の仮名にて用を便じ》といった考え方は福澤諭吉ならではのものというわけではありません。当時、文部省が教育制度の整備にあたって外国人顧問として招聘《しょうへい》していたアメリカの教育行政官ダビット・モルレーは、業務報告書の中で、「教育は、人民が普通に使用している言葉で行わなければ普及させることはできない」ということについてたびたび触れています。

教育の世界の、日本vs.中国

「国語」とは、その国の日用の言葉、という意味です。つまり、日用の言葉を教育するのが国語教育ということになりますが、これは、当時の日本においては、「漢学」に対するアンチテーゼあるいは反省でした。

明治維新以前の江戸期においては、「漢学」が正統の学問だとされていました。「漢学」

とは、中国の書を教材として教育を受ける、ということです。四書、五経、小学、十八史略、春秋佐氏伝、国語（春秋時代を扱った歴史書）、史記などを教材として、素読《そどく》→論稿→講義と進んでいくのが江戸期の学問のやり方でした。

「素読」とは、文意を理解することはさておき書物を丸暗記していくことです。「論稿」とは、素読を終了した者がグループを組んで読み合わせを行ったり、解釈について議論することです。「講義」では、先生が書物について論じるのを学生がじっと拝聴します。

こうした学問方法は蘭学を含む洋学や国学などにも共通していて、藩校や私塾、あるいは1856年に設立された江戸幕府直轄の研究教育機関・蕃書調所《ばんしょしらべしょ》などの、いわゆる高等教育機関で展開されていました。

その一方、江戸期にはさらに、「寺子屋」という町人の子弟を教える初等教育機関が存在していました。寺子屋もまた「漢学」が正統の学問だという前提の下にありました。漢字を覚えるのが学ぶことのほぼすべてです。

寺子屋の生徒は、日常的に使用する数字や方角、姓名、国や州の名前の漢字を覚えた後、「往来物《おうらいもの》」と呼ばれる教材にとりかかります。「往来物」で覚えるのは、生徒それぞれの家業や職業に関係する漢字です。

つまり、業界用語集が「往来物」です。日常使いの漢字と往来物の漢字を覚えることを「手習《てならい》」と言いました。

「往来」は手紙、書簡を意味しています。「往来物」と呼ばれる教材は、もともと手紙文例集でした。

つまり寺子屋の生徒たちは当時のビジネスレターを教科書にして漢字を勉強していた、ということになります。

往来物のひとつである『商売往来』という商人の子弟向けの教材について、奈良教育大学の梅村佳代《うめむらかよ》名誉教授が次のように解説しています。氏が教授時代に同大学資料館所蔵品の資料に添付した解説です。

《商売往来の内容は「凡商売持扱文字《およそしょうばいもちあつかうもんじ》」で始まり、取遣《とりや》り日記、証文など商売の取引に必要な文字、数字、証文、日記の類、大判・小判から灰吹《はいふき》に至るまでの金子《きんす》（貨幣）の名称、貫目分厘毛など天秤《てんびん》・分銅の基準、粳《うるち》、糯米《もちごめ》、粟、稗《ひえ》などの雑穀類の名称、廻船に必要な知識として積登《つみのぼ》・問屋の蔵入置などの用語、運賃や水上口銭を差し引いた相場値段の決め方、金襴繻子緞子《きんらんしゅすどんす》などの絹布の名称、肩衣、羽織など布を仕立るに必要な名称、紺や花色などの染色の名称、染入紋の種類と名称、武士の用具について弓、矢、鉄砲など21種類の武具類の名称や彫物、細工の種類と名称、唐物・和物の家財として珊瑚《さんご》・瑠璃《るり》や硯《すずり》箱《ばこ》・文庫など26種類の名称、雑具として葛籠、箪笥《たんす》など46種類の名前、薬種・香合類として伽羅《きゃら》・麝香《じゃこう》など41種類の名前と粉薬、練薬などの薬の形態、山海の魚鳥として鶴・雁や鯛・鰯など46種類の名前、最後に商売の家に生まれた輩は幼稚の時より手跡・算術を行うを肝要とし、歌・連歌・茶湯など芸能の稽古事は家業の余力ある時折々に心掛けるをよしとし小唄・三味線などの遊芸事、泉水・築山などの家宅の造作などは分限に応ずるをよしとする。全て浪費せず、高利を貪らず、見世棚を奇麗にして柔和に応答し天道の働きを恐れるものは富貴《ふうき》繁盛子孫栄華と倍々利潤疑いなしとする。以上の内容は庶民生活に必要な知識と名称を身近に獲得でき、さらに家業第一、余力学問と分限に相応した在り方を説いているなど、商人のみならず、子どもの手習い教科書として農村においても各地でよく読まれ使用された》（奈良教育大学教育資料館所蔵『商売往来』解説）

読んでいると頭がクラクラしてきますが、最低限ここにあるくらいの専門的なジャンルの漢字の読み書きを、ゆくゆくは家業の実用に直結するとはいえ、寺子屋では習わされたわけです。

当然、藩校など高等教育機関で学ばなければならない漢字の数には想像を絶するものがあります。

福澤諭吉が『学問のすゝめ』で《実なき学問》としているもののひとつがこれでした。「学制」公布の翌年に福澤諭吉は小学読本として《文字之教《もじのおしえ》》という教材を刊行しますが、そのまえがき《文字之教端書《はしがき》》の2条で次のように述べています。

《文字を書くに、むつかしき漢字をばなる丈《た》け用ひざるやう心掛けることなり。むつかしき字をさへ用ひざれば、漢字の数は二千か三千にて沢山なる可《べ》し》

現在の文科省によれば、「法令、公用文書、新聞、雑誌、放送など、一般の社会生活において、現代の国語を書き表す場合の漢字使用の目安」のことを「常用漢字」と言い、内閣告示によって一覧表のかたちで公表されています。2024年時点では2010（平成22）年に改定されたものが最新で、常用漢字の数は2136字です。「漢字の数は二千か三千にて沢山なる可し」という福澤諭吉の想定はまず今のところは間違っていない、ということになります。

選別された「方言」こそが「標準語」

「学制」は、一般的な歴史教科書によれば、「兵制（徴兵制）」および「税制（地租改正）」と並ぶ明治政府の三大改革のひとつです。教育体制の整備はもちろんですが、主に国語教育の確立に重点を置くことで教育全般の効率を高めて人材育成の伸《の》び代《しろ》を確保するとともに国民意識の共通化を図る、という教育改革方針が「学制」でした。幕末に締結した不平等条約の撤廃を実現するために欧米列強に並ぶ国力を保持する、つまり、近代化のための改革です。

ただし、「学制」によって「国語」の思想は確立されましたが、教育の現場はその思想に直ちについていけるような状況ではなかったようです。

当時の国語教育について仔細《しさい》に記録された文部省発行の小冊子『教科書から見た明治初

期の言語・文字の教育』（古田東朔・委託執筆、１９５７年）によれば、日用言語の使用に重きをおくとしながらも、教科書は、一方では漢字単語だけを主体とした寺子屋由来の往来物系統のものが使われており、また一方では外国の読本を翻訳したものが使われている、といった状態が実情でした。

「学制」公布の30年後、１９０２（明治35）年に文部省に国語調査委員会が設置されました。いよいよ「標準語」によって「国語」の思想の実現化が図られることになります。

主導的存在だった『国語のため』の著者・上田萬年は、「標準語」を、《全国至る所、全ての場所に通じて大抵の人々に理解せらるべき効力を有するものをいう。なお一層簡単にいえば、標準語とは一国内に模範として用いらるる言語をいう》と定義し、次のように述べていました。

《標準語は理想の者にはあれども、其初に遡《さかのぼ》りて論ずれば、もとこれ一個の方言たりしものにて、其方言が種々の人工的彫琢《ちょうたく》を蒙《こうむ》りて、遂に超絶的の地位に達し、同時に其信用と其尊厳とを高め来りて、暫く他の方言をも統括する程の、大勢力を得たるものなり》

《予は此点に就ては、現今の東京語が他日其名誉を享有すべき資格を供する者なりと確信

す》

（前掲『国語のため』）

つまり、当然のことですが標準語とは「選定された方言」なのです。選定するのは公的機関です。

国語調査委員会は同委員会の設置決議の第4に《方言ヲ調査シテ標準語ヲ選定スルコト》と掲げていました。右記にある通り、上田萬年博士は東京語つまり東京弁が標準語にふさわしい、としていましたが、国語調査委員会はどのような方針を固めたのでしょうか。

1886（明治19）年に小学校令で設置された、満6歳以上の児童に初等普通教育を行う「尋常《じんじょう》小学校」の教科書は当初、検定制でした。文部省さえ認可すれば、誰がつくった教科書でも教育の現場で使用できました。

それが、国語調査委員会の設置を境に、1904（明治37）年からは「国定読本」のみの使用となります。

教科書は、国または国の指定する機関および団体が著作・発行したものに限定されました。尋常小学校であれば全国どこでも同じ教科書を使うことになったわけです。この「国

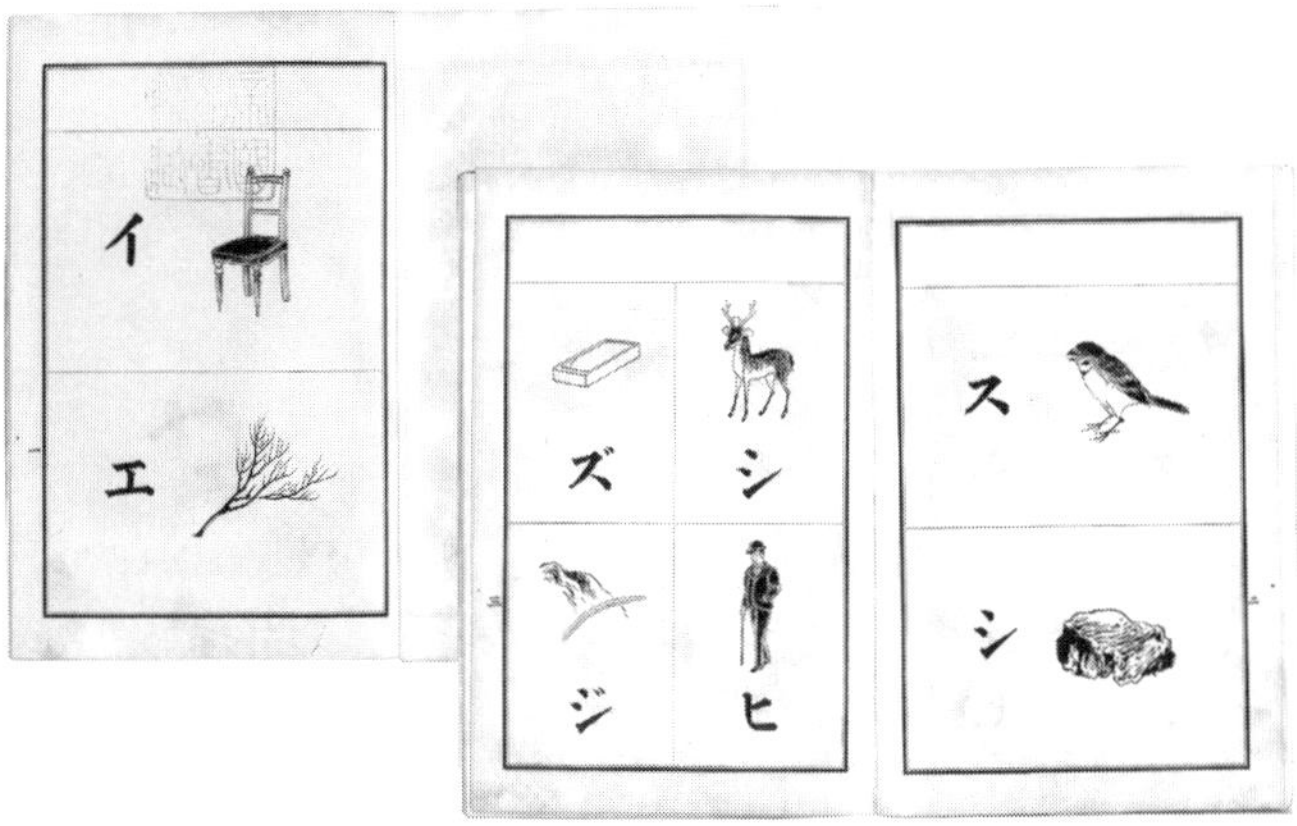

イエスシ読本
（国立教育政策研究所 教育図書館 貴重資料デジタルコレクション）

定読本」において初めて標準語の思想が明確に示されました。

国定読本の第一弾は、巻一の冒頭2ページ分が、いすの「イ」、枝の「エ」、雀の「ス」、石の「シ」のカタカナを絵つきで勉強するようになっていることから通称「イエスシ読本」と呼ばれている第一期尋常小学読本です。教育関係者に提示された読本の編纂趣意書には次のように書かれていました。

《文章は口語を多くし、用語は主として東京の中流社会に行わるるものを取り、かくて国語の標準を知らしめ、其統一を図るを務むると共に、出来得る丈児童の日常使用する言語の中より用語を取りて、談話及綴り方の応用

に適しめたり》

編纂趣意書では右記とは別のところで「模範語」という呼称が使われていますが、この第一期尋常小学読本こそが日本で初めて「標準語」でつくられた国語教科書でした。上田萬年にならい、標準語とは東京の中流社会で使われている言葉である、とされました。

そして、問題の「ありがとう」が、この第一期尋常小学読本、通称「イエスシ読本」におびただしく登場するのです。

つまり、この時点をもって「ありがとう」は、日本国認定の、模範的で国語の標準である感謝の言葉の標準語となった、ということになります。

ただし、「ありがとう」は、東京の中流社会で使われている言葉ではあったにせよ、東京の中流社会だけで使われていた言葉ではありません。この点については後で触れますが、実は「ありがとう」は京都弁なのです。

「ありがとう」が標準語になった瞬間

第一期尋常小学読本、通称イエスシ読本は8巻からなるシリーズ読本です。巻が後になるにつれ、漢字も現れ、当初はカタカナだけだったものにひらがなが加わり、文章も長くなって難しくなっていきます。科学や経済、地理、歴史、また、帝国議会の設置という体制変化を受けて、議会政治の知識も挿入されるようになります。

尋常小学読本の巻1はカタカナの五十音と単語、一から十までの漢数字、「ヒト　ガ　ヰマス」「カラス　ガ　ナイテイキマス」といった簡単な文章を勉強するだけで、「ありがとう」はまだ登場しません。

巻2にいよいよ「ありがとう」が登場します。尋常小学校は、後に6年制となりますが当時はまだ4年制です。全8巻ですから1年に2巻を勉強するとすれば、入学して1年と経たない、年齢も満6歳のうちに読むであろう読本に次のように登場します。なお、当時は歴史的かなづかい（旧かなづかい）ですから、「ありがとう」は「ありがたう」と表記

タウ（トー）
チャ

オハナ ハ オチヨ ヲ、 ザシキ
ニ、 トホシマシタ。 ソシテ、
オチャ ヲ ダシマシタ。
「ドウゾ、 オチャ ヲ オア
ガリクダサイマセ。」
「アリガタウゴザイマス。」

キャハン。 シャシン。 チャワン。

『尋常小学読本巻2』より
（国立国語研究所 図書館 蔵書）

されます。

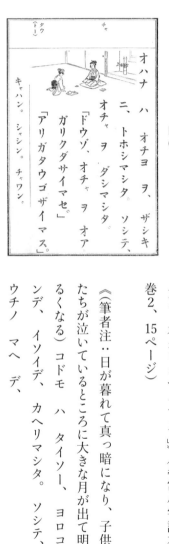

《オハナ　ハ　オチヨ　ヲ、　ザシキニ　トホシマシタ。　ソシテ、　オチャ　ヲ　ダシマシタ。
「ドウゾ、　オチャ　ヲ　オアガリクダサイマセ。」
「アリガタウゴザイマス。」》（尋常小学読本巻2、15ページ）

《（筆者注：日が暮れて真っ暗になり、子供たちが泣いているところに大きな月が出て明るくなる）コドモ　ハ　タイソー、　ヨロコンデ、　イソイデ、　カヘリマシタ。　ソシテ、　ウチノ　マヘ　デ、

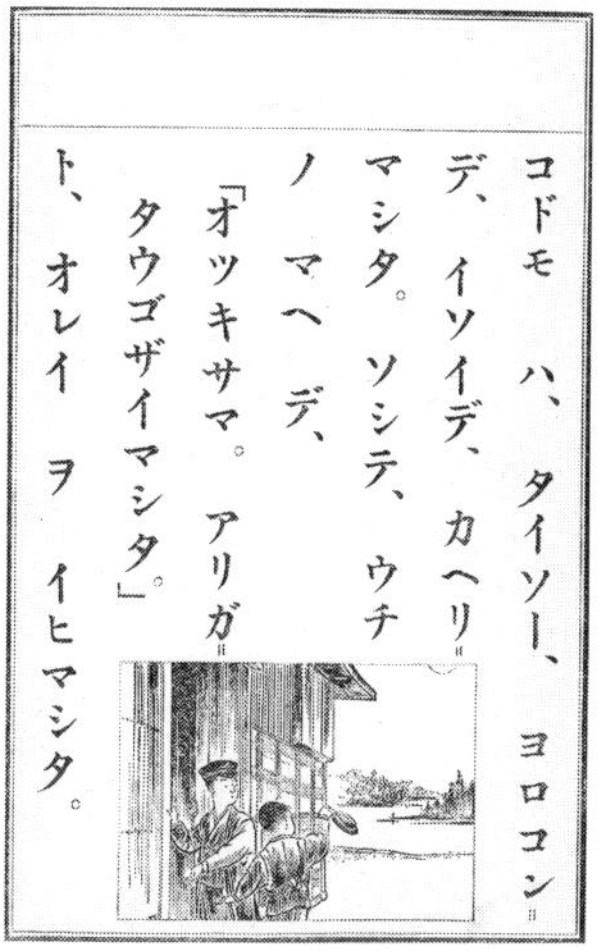
コドモ ハ、 タイソー、 ヨロコンデ、 イソイデ、 カヘリマシタ。 ソシテ、 ウチ ノ マヘ デ、
「オツキサマ。 アリガタウゴザイマシタ。」
ト、 オレイ ヲ イヒマシタ。

『尋常小学読本巻2』より
（国立国語研究所 図書館 蔵書）

「オツキサマ、 アリガタウゴザイマシタ。」 ト、 オレイ ヲ イヒマシタ。》（尋常小学読本巻2、20ページ）

人に対する感謝と事物・事象に対する感謝の両方が、初等教育の出だしでまず描かれているのは興味深いところです。

当時は手紙が最善の通信手段でした。また、寺子屋由来の往来物教材の伝統が残っていて、尋常小学校読本には手紙の文例が数多く登場します。巻5で2箇所、巻6で2箇所、巻7で3箇所登場します。

返信文例の文頭は例外なく「ありがとう」です。次のようなかたちです。

《お手紙をくださいまして、ありがたうございます》
《おみまひくださいまして、ありがたうございます》
《おさそひくださいまして、まことに、ありがたうございます》
《お手紙をいただきまして、ありがたうございます》

巻7では「ありがたうございます」の文語表現例として、《ありがたく存候《ぞんじそうろう》》が挙げられています。巻8では商人用のビジネス書簡例として、《有り難く、存じたてまつり候》が登場します。とにかくすべてにわたって、お礼ないし感謝の言葉は「ありがとう＋丁寧語」です。

では、「ございます」といった丁寧表現の付随しない「ありがとう」は登場しないのかといえば、一箇所だけ登場します。巻7に次のような「ありがとう」があります。

《おはなは、お茶を出して、「おかあさん。お茶をおあがりなさいませ。」といひました。母は、「ありがたう。」といって、飲みました。》（尋常小学読本巻7、15ページ）

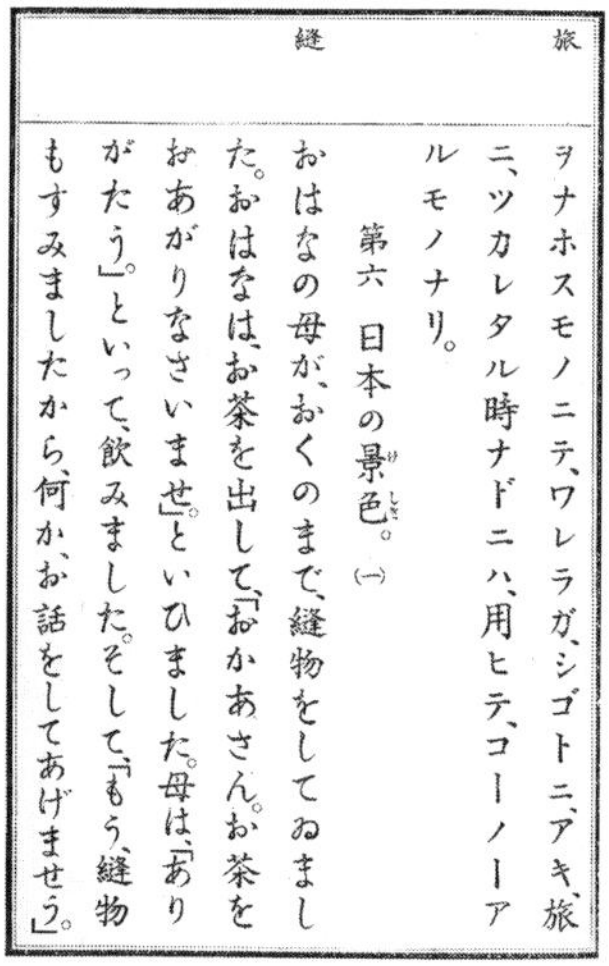
旅　縫

ヲナホスモノニテ、ワレラガ、シゴトニ、アキ、旅ニ、ツカレタル時ナドニハ、用ヒテ、コーノーアルモノナリ。

第六　日本の景色《けしき》。（一）

おはなの母が、おくのまで、縫物をしてゐました。おはなは、お茶を出して、「おかあさん。お茶をおあがりなさいませ」といひました。母は、「ありがたう」といって、飲みました。そして、「もう、縫物もすみましたから、何か、お話をしてあげませう」。

『尋常小学読本巻7』より
（国立国語研究所 図書館 蔵書）

「ありがとう」は目下の人間に対する感謝の言葉としても使う、あるいは、目上の人間からの感謝の言葉として使われる、と教えられていたことがわかります。

　とにもかくにもこの尋常小学校読本が感謝を伝えることにおいては、どんな場合でも全国オールマイティに使える言葉としての「ありがとう」を確定させた、ということです。

　視点を変えて言えば、尋常小学校読本が感謝の言葉を「ありがとう」に限定してしまいました。つまり、「ありがとう」は「標準語」となった、ということです。

　ここで疑問が生まれます。では、当事、標準語の地位を得た「ありがとう」にはじかれてしまった言葉はなかったのか、よく使われる感謝の言葉は他にはなかったのか、という疑問です。

国語辞典に載っていなかった「ありがとう」

『言海』という、1889（明治22）年から1891年（明治24年）にかけて刊行された国語辞典があります。国語学者・大槻文彦《おおつきふみひこ》（1847〜1928）が編纂した、日本初の近代的国語辞典とされる辞典です。

近代的というのは、言葉がイロハ順ではなくアイウエオ順で並んでいる、つまり五十音引きであること、意味の他に発音や品詞の説明がなされていること、などに対する評価です。

また、俗語を含めて日常生活で使う言葉も収録した、ということも言われていますが、「ありがとう」は『言海』には出てきません。

大槻文彦
（Public domain）

ただし、『言海』に「ありがとう」が出てこないからといって、当時、「ありがとう」が使われていなかったことにはなりません。

出てこないのは当然で、それは『言海』が文語、つまり文章に使われる言葉の辞典だからです。「ありがとう」は口語、話し言葉です。

「ありがとう」の元のかたちの「ありがたい」の文語「ありがたし」は『言海』に次のように登場します。

ありがたし　難有　・キ・ケレ・ク・ク　形
（一）存在スルコト難シ。在リカヌ（二）類ヒ少シ。希ナリ。希世（三）カタジケナシ。忝

「ありがたし」が感謝の意味となるのは第三義の「カタジケナシ」です。ちなみに第一義の「在リカヌ」の「ヌ」は「ネル」が変化したもので、「在リカネル」ということです。「ありがたし」第三義の「かたじけなし」は、『言海』には次のように載っています。

かたじけなし　忝　辱　・キ・ケレ・ク・ク形〔難シ氣ナシノ意〕（一）畏シ。恐レ多シ。勿體ナシ。「殿ノ御氣色ノコマヤカニ、カタジケナクモ、オハシマスカナ」宮ノ上ノ、カタジケナク、アハレニ思シタリシモ」（二）惠ミヲ受ケテ嬉シ。

「かたじけなし」は第一義も第二義も完全に感謝の言葉です。『言海』を見る限り、当時つまり明治時代のはじめには感謝の言葉としては「ありがたし」ではなく「かたじけなし」の方が主流だったのではないかと予想されるということになります。口語であれば、「かたじけない」「かたじけなく存じます」「かたじけのうございます」などといった言い方になります。
『言海』に口語が出てくることはほとんどなく、「かたじけない」も登場しません。言文一致の主張はすでに学会にあったようですが、当時の学問の世界では、口語の地位はまだまだ低かったからです。

しかし、当時、口語を載せる辞書は存在しなかったのかというと、そんなことはありません。

『言海』の10年前、１８７９（明治12）年に、『英華和訳字典』（津田仙・柳澤信大・大井鎌吉・訳、中村正直・校正）という、３２６８ページからなる字典が刊行されています。

『英華和訳字典』は、W・ロブシャイドという香港在留の宣教師が著した英語の中国語訳辞書『大英華字典』の和訳にあたります。つまり、英語の中国語訳と日本語訳が載っている本です。

『英華和訳字典』は、和訳辞書という性格上、訳文は簡潔に、しかも口語を主にしてまとめられています。そして、「ありがとう」が、次の通り、ちゃんと登場しているのです。

thank you!(is the reply of the one who depart,) ～藉福（托福）、暫別～アリガトウ
I am chiefly indebted to you.～第一多得你～ハナハダアリガタフ
many thanks～多謝、多蒙、蒙恵、盛恵～タシヤ、アリガタウ
thank you.～感謝～アリガタフ

I thank you for a glass of water, ~我多謝你俾一杯水過我~ミヅヲアリガタウ
thank you,very good, ~皆藉洪福~アリガタウハナハダヨロシイ
thanks! ~感感~アリガタイカナ
(『英華和訳字典』より抜粋)

「thank you」にあてられている和訳は「アリガタフ(ありがとう)」のみです。「かたじけない」はあてられていません。

これは、尋常小学校読本で標準語扱いされる以前にすでに日常会話で交わす感謝の言葉としては「ありがとう」が主流だったことを意味している、ということです。文例中、ひとつだけthanksとは違う英語「indebted」があります。「indebted」は「恩を背負わされた」という意味で、「I am chiefly indebted to you.」は「たいへん申しわけない」といったニュアンスの感謝の言葉、つまり「かたじけない」が訳としてはふさわしい感じがしますが、これも「ありがとう」となっています。

では、『言海』においては感謝の言葉の主流かと思われた「かたじけない」は『英華和訳字典』ではどうなっているでしょうか。人に対して感謝の言葉として投げかける「かた

じけない」の例文は、『英華和訳字典』においては次のひとつだけが載っています。

much obliged to you～多得你、多煩你～ハナハダカタジケナイ

「obliged」は「親切にされた」という意味です。ここに、「ありがとう」はあてられていません。

また、状態を表す「かたじけない」は次のように出てきます。

a grateful reception～恩接～カタジケナキトリアツカヒ
Gratefully～謝心、感心～カンシヤシテ、カタジケナク
Gratefulness～感恩者、樂心者～オンニカンズルコト、カタジケナキコト

「grateful」は「gratitude」（感謝）からきている、ストレートに「感謝に満ちて」という意味の言葉です。ここにも、「ありがとう」はあてられていません。

いずれにせよ、『英華和訳字典』が編纂された１８７９（明治12）年当時、つまり少な

くとも明治時代初期においては、感謝を伝える言葉の主流は「かたじけない」ではなく「ありがとう」だった、ということがわかります。

実は、『言海』の大槻文彦博士は後日（20年ほどを経て）自らが編纂した国語辞典に「ありがとう」をちゃんと載せています。

実は京都弁だった「ありがとう」

明治が終わって間もない1912（大正元）年、大槻文彦博士は『言海』の改訂増補版の編纂に着手しました。後に『大言海』として1932（昭和7）年に刊行が開始されるこの国語辞典は、1928（昭和3）年に大槻博士が他界したため、親族らの手によって完成されました。

大槻博士は「タ」の部まで完成させていたといいますから、「ありがとう」の項は大槻博士自らの執筆である、ということになります。次のように掲載されています。

ありがとう　アリガタウ　(副)　難有

[難有（ありがた）し、ノ連用形、ありがたくノ音便ニテ、関西ニテハ、普通ナレド、関東ニテハ、ありがたく思フと云フ、ソレガ、下ニ敬語ノ添フ時ハ、音便ニ云フガ如シ、其レハ、江戸開府ノ初ニ、夥シキ京畿ヨリノ移民ノ語ノ、遺レルモノト思フ、おはやう、おめでたうナド、同ジ」

(一) ありがたう存じます、ありがたうござりますナド云フハ、謝禮ニ、挨拶トシテ述ブル語。下略シテ、感動詞ノ如ク發スルコトアリ、次項ナルモ、同ジ。(二) 又、人家ヲ訪レテ、唯、別レヲ告グル時ニモ云フ、其レハ、一通リ、接待ヲ謝スルナリ。さやうならト云フト、略同ジ

(『大言海』より。例文は省略)

大槻博士は「ありがとう」の語源について、おもしろいことを言っています。右記の内容を整理すると、まず、関東では「ありがたく存じます」などと言うところを、関西では下に敬語がつく時の習慣として「ありがとう存じます」というふうに音便化する、その、敬語の部分がとれて簡略化されたものが「ありがとう」だ、というのです。

そして、関東で「ありがとう」が一般的になった理由として、徳川家康が江戸幕府を開《かい》闢《びゃく》して後、江戸の市街を造成するために京畿《けいき》つまり京都周辺の地域から労働力として大勢の人々がやって来た、その人々の言葉遣いが広まって今に残っているのだ、と分析しています。

川越藩家老石川正西《しょうさい》が残した戦国期から江戸期の回顧録『聞見集』（1660年成立）によれば、1590年に徳川家康が自らの政治拠点として江戸を選定した当時、江戸城下には茅葺《かやぶ》きの町屋が100軒程度しか並んでいませんでした。幕府開闢後、1609年に漂着するかたちで来日して1年間滞在したスペインのフィリピン臨時総督ロドリゴ・デ・ビベロは、江戸の人口は15万人だと記録しました（『ドン・ロドリゴ日本見聞録』）。

江戸幕府開闢後約20年の間に地方から江戸に少なくとも10万人以上が流入した、ということになります。

江戸の人口は、武家人口を除き、1650年代で約28万人、1690年代で約35万人と推定されています。1720年代に約50万人となり、本質的に行政都市だった江戸には今の官僚にあたる武家つまり武士およびその家族を含む関係者が約50万人いましたから、この頃に江戸は100万人の人口を抱える、当事の世界では類を見ない大都市となったわけです。それから90年ほど経った1800年代初頭においてさえ、イギリス・ロンドンの人口は約80万人、フランス・パリの人口は約50万人でした。

大槻博士によれば、「ありがとう」は、江戸に流入し続けた関西、特に京都周辺の人々の方言に由来する言葉です。

では、江戸への大量の地方人流入が開始された江戸時代初期において、すでに「ありがとう」は使われていたのでしょうか。

それとも、江戸に人々が流入していく時代を通じて徐々にかたちをとって「ありがとう」となり、「東京語」としても定着し、明治期に標準語となるに至ったのでしょうか。

結論から先に言えば、「ありがとう」は江戸時代初期には確実に、すでに使われていました。少なくとも1603年の時点で「ありがとう」という言葉は使われていた、ということが確定できる証拠があるのです。

宣教師による戦国時代日本語研究の凄まじさ

1603年は朝廷が徳川家康を征夷大将軍に任命した年であり、江戸幕府が開闢した年として知られていますが、同年は、九州の長崎でイエズス会士が編纂した日本語・ポルトガル語辞書『日葡辞書《にっぽじしょ》』が発刊された年でもありました。百科事典などでは、「当時の日常語をはじめ文書語、女房詞《にょうぼうことば》など3万2000語以上を収録し、語義と用例を示す。室町時代日本語の最も重要な資料のひとつ」と解説されています。

なぜこうした辞書が必要とされたのかといえば、もちろん、キリスト教の布教を、庶民レベルに対しても、大名を頭とする行政者レベルに対しても、確実に効率よく行うためです。

『日葡辞書』に日本語の文字表記は一切なく、すべては発音記号を含む当事のポルトガル語アルファベットで表記されています。

『日葡辞書』は、日本語を読む・書くことを前提とはしない、聞く・話すための辞書でした。文書については第三者の読み上げを経由して理解していた、とされています。

徳川二代将軍・秀忠が１６１９年に禁教令第３弾を放ち、１５４９年のフランシスコ・ザビエルの来日によって始まった日本におけるキリスト教の公的な布教の歴史はおよそ70年間で終焉《しゅうえん》することになりますが、その間のキリスト教関係者、特にイエズス会のメンバーによる日本語の研究には、特にその丁寧さにおいて凄まじいものがありました。

たとえば、イエズス会が豊臣秀吉や徳川家康と交渉する際の通訳を務めていたポルトガル人イエズス会士ジョアン・ロドリゲスが１５７７年に始まる日本滞在中に執筆し、１６０４年から１６０８年にかけて長崎で刊行した『日本大文典』は『日葡辞書』と並ぶ日本語研究の重要文献として知られています。

『日本大文典』は辞書ではなく、文法を中心に音韻や文字、綴字《つづりじ》、語彙《ごい》、文体、方言に至るまで、日本語の具体例を挙げて論述した研究書です。その文例や解説の内容から、著者のロドリゲスは少なくとも『源氏物語』、『平家物語』、『太平記』を読み込んでいたことがわかります。また、御成敗式目《ごせいばいしきもく》などの法令集、謡《うたい》つまり能楽の詞章、絵巻物、曲舞《くせまい》の台本など、研究素材は多岐にわたっていました。

当事のそうした研究環境の中で編纂された、1603年発刊の『日葡辞書』に、「ありがとう」はちゃんと登場しているのです。

1603年刊行ポルトガル語辞書に載っている「ありがとう」

『日葡辞書』で「ありがとう」は、見出し語「Arigatai」の項に、付随する言葉として登場します。「Arigatai」とは「神聖なこと、感謝すべきこと、勝っていること、という意味である」という解説の後に、「Arigatai」の変化例として、次の2つが追記されています。

Arigataía
Arigatô

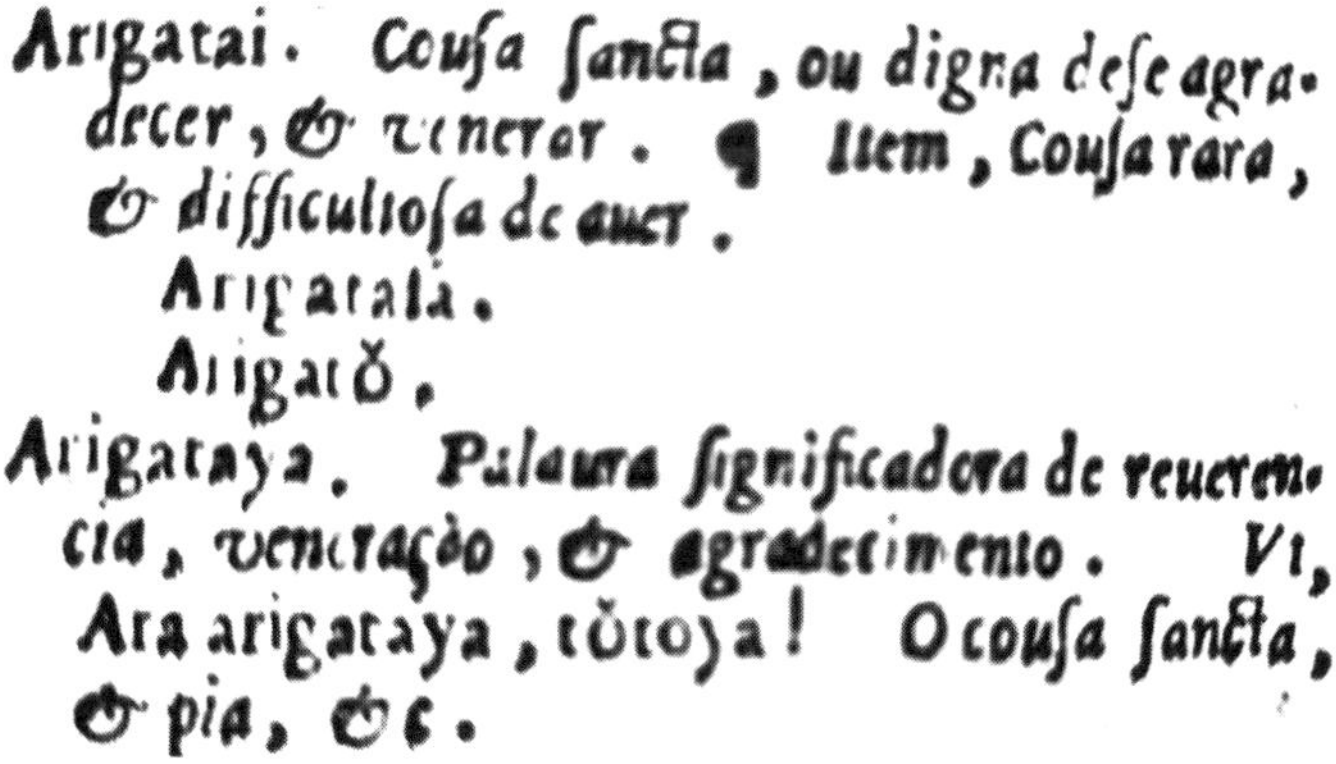
Arigatai. Cousa sancta, ou digna de se agradecer, & venerar. ¶ Item, Cousa rara, & difficultosa de auer.
Arigataia.
Arigatǒ.
Arigataya. Palaura significadora de reuerencia, veneração, & agradecimento. Vt, Ara arigataya, tǒtoya! O cousa sancta, & pia, &c.

『日葡辞書』部分　オックスフォード大学ボードレイアン図書館　所蔵
参考／『キリシタン版　日葡辞書　カラー影印版』（勉誠社）

「ia」は「ヤ」という発音を示している記号的アルファベットで、「Arigataia」は「ありがたや」です。「ǒ」は長音つまり音引きを表す発音記号で、「Arigatǒ」がまさに「ありがとう」です。

ただし、「Arigatǒ」はここにぽつりと出てくるだけで何も解説されていません。「Arigataia ありがたや」については見出しとして「Arigataya」が設けられ、別立ての項で解説されています。「敬意の言葉」と説明されており、ポルトガル語で「Palavra」、口に出す言葉だ、としてあります。

「Arigataya」の文例として、「あら、ありがたや、尊《とうと》うや！」が載っています。これはおそらく、能楽の、一条《いちじょう》天皇（第66代、平安時代中期）の依頼を受けた刀匠・小鍛治宗近《こかじむねちか》が霊狐《れいこ》を相槌《あいづち》（助手）に得て名刀を仕上げるという、室町時代に実話を元にしてつくられた『小鍛治』という演目が出典です。力添えすることを稲荷神に知らされて、「アラありがたや尊やな」と小鍛治宗近が言うのです。

このように「Arigataya　ありがたや」は贅沢な扱いを受けていますが、「Arigatô　ありがとう」は「Arigatai　ありがたい」の解説部分にのみ、ここ一箇所に載っているだけです。つまり、当事、感謝を示す言葉としては「ありがとう」よりも「ありがたや」の方が広く使われていたことを示しています。

では、大槻文彦博士が『言海』において主流の感謝の言葉として取り上げていた「かたじけなし」は、『日葡辞書』ではどうなっているでしょうか。

「かたじけない」は「Catajiqenai」と表記され、見出しにちゃんと出されていて、「人に対して、あるいは事物に対して感謝を示す、口に出して言う言葉」と解説されています。「Catajiqenai」の下には「Catajiqenaʃa」が別個に見出しで出されて解説されています。「ʃa」は「サ」という発音を示す記号的アルファベットで、「Catajiqenaʃa」は「かたじけなさ」です。

「Catajiqenaʃa　かたじけなさ」の項には、文例として、「あまりの　かたじけなさに　涙

に　むせぶ」が載っています。これはおそらく、12世紀を代表する文人・武士・僧侶である西行が伊勢神宮を参拝した時に詠んだ有名な歌、「なにごとの　おはしますかは　知らねども　かたじけなさに　涙こぼるる」から採ったものでしょう。

また、「Catajiqenaſa　かたじけなさ」の項には、口語表現として「Catajiqenô　かたじけのう」が紹介されています。文例として、「かたじけのう　存ずる」という口語例が載っています。

それぞれの項の文例を含む記事量に言葉の使用頻度が反映されているとすれば、当事つまり17世紀初頭の感謝を示す言葉のシェアの序列は、「かたじけのう」＞「ありがたや」＞「ありがとう」ということになります。「かたじけのう」と「ありがたや」は僅差ですが、二者と「ありがとう」の間にはかなりの差がある、といった感じです。

しかし、だからといって、「ありがとう」が使われていなかったわけではありません。辞書に載る程度には一般的な言葉ではあったのです。

そして、『日葡辞書』においては、この「一般的」というところに、おもしろい問題があります。

方言にうるさかった宣教師の『日葡辞書』

『日葡辞書』には、前書きに続いて、「辞書の使い方、理解のために必要なこと」という注意書きがあり、方言の取り扱いについての言及があります。

当時は近畿地方のことを「かみ（上：ポルトガル語でCami）」、九州地方のことを「しも（下：ポルトガル語でXimo）」と呼んでいました。そして、『日葡辞書』を編纂したポルトガル人にとって、本拠地は九州地方、つまり「しも」でした。掲載されている注意書きをまとめると、次の通りです。

《通常、「かみ」の地方でのことばの使い方がこちら側の「しも」の国々やほかの地域と異なる場合は、「かみ」ではこう言う、このような使い方をすると記した》

《「しも」でしか使われない場合は、その語の後かその語についての記述の後に「X.」を

記した》
《「しも」全体でもなく、日本の国の全体でもなく通用している意味のときは、alicubi（ある地域で）と記した》
（『熊本県立大学大学院文学研究科論集』1号掲載論文「『日葡辞書』の肥後方言」馬場良二、2008年）

「ありがとう」の「Arigatŏ」が載っている「Arigatai」の項には、《「かみ」ではこう言う》とも付記されておらず、《「X.」》も記されておらず、《alicubi》とも記してありません。

つまり、方言ではない、ということです。

「ありがとう」は近畿地方でしか使われていない言葉でもなく、九州でしか使われていない言葉でもなく、ある地域限定で使われている言葉でもない、ということになります。

『日葡辞書』が編纂された目的は、ポルトガル人のイエズス会士たちの布教活動支援であり、前掲論文の執筆者・馬場良二氏が同論文で触れていますが、『日葡辞書』は当時の日本語の客観的な記録、記述を目的として編まれたものではありません。

したがって、『日葡辞書』はポルトガル人のイエズス会士たちが活動していた九州地方で流通している日本語の辞書である、ということになります。

つまり、「Arigatô　ありがとう」のように方言に関する注のない言葉は、「近畿地方でしか使われていない言葉でもなく、九州でしか使われていない言葉でもなく、ある地域限定で使われている言葉でもない」限りは、「近畿地方で使われている言葉である」ということになります。

なぜなら、当時はまだ江戸が繁栄する以前の時代であり、平安時代からの伝統として、京都および京都周辺の近畿で使われている言葉が中央の言葉、つまり模範的な言葉だったからです。

大槻文彦博士が『大言海』に残した「ありがとう」の解説は次のようなものでした。

《関東では「ありがたく存じます」などと言うところを、関西では下に敬語がつく時の習慣として「ありがとう存じます」というふうに音便化する。その、敬語の部分がとれて簡略化されたものが「ありがとう」である。関東で「ありがとう」が一般的になったのは、江戸時代に入って江戸に流入した近畿の人々の言葉遣いが広まって今に残っているのだ》

大槻文彦博士のこの分析は、『日葡辞書』の編纂事情にぴったりと見合います。『日葡辞書』が刊行された1603年には確実に「ありがとう」という言葉がありました。『日葡辞書』から現在までの「ありがとう」の歴史を手短にまとめておきましょう。「ありがとう」は、使われる頻度としてはマイナーな言葉であったにせよ少なくとも16世紀には存在し、江戸時代に右肩上がりで広まり、明治政府の標準語政策で感謝を伝える言葉として一本化されて現在に至る、ということになります。

「ありえない」「存在しえない」という意味である「ありがたい」という言葉を感謝を伝える言葉として使う、ということは、16世紀の時点では完全に確立していました。

そしてまた16世紀の時点では、「ありがたい」の双璧として、「かたじけない」という言葉が大いに頑張っていました。

では、この16世紀以前、「ありがたい」が感謝の言葉となったのはいつなのでしょうか。「ありがたい」は、感謝の言葉として、「かたじけない」よりも先にあった言葉なのでしょうか、後にできた言葉なのでしょうか。

この「ありがたい」と「かたじけない」の発生競争を明らかにしていくことで、そこに、日本人のメンタリティの推移を映し出すことができるはずです。

次章では、「ありがとう」以前の日本の感謝の言葉にはどのような歴史があるのか、ということを見ていきます。

第2章

「ありがたいvs.かたじけない」のシェア競争

「ありがたい」が感謝の言葉となる時

明治期を代表する国語辞典『言海』の編纂者・大槻文彦博士の、《「ありがとう」は京都弁である可能性が高い》という仮定は、「ありがとう」がちゃんと載っている1603年に刊行された『日葡辞書』が編纂された状況から証明されました。

「ありがたく」が「ありがとう」になるのは、その音便変化の習慣を持つ関西、特に京都およびその周辺においてこそ実現した変化でした。

そして、現在使われている「ありがとう」は、「ありえない」「存在しない」という「存在の否定」を本義としながらも、感謝を意味する言葉以外のものではありません。「ありがたい」という言葉が感謝の意味を持った時にこそ、現在私たちが使っている「ありがとう」という言葉は生まれたのです。

つまり、「ありがたい（有り難い）」が感謝の意味を持つようになった時期がわかれば、「ありがとう」の誕生時期がわかる、ということになります。

これについては、まず、『学研全訳古語辞典』（学研教育出版）がたいへん参考になります。「ありがたい」の文語「ありがたし」が、次のように解説されています。

ありーがた・し【有り難し】
形容詞ク活用
活用 {（く）・から／く・かり／し／き・かる／けれ／かれ}
①めったにない。めずらしい。
出典：枕草子　ありがたきもの
「ありがたきもの。舅（しうと）にほめらるる婿。また、姑（しうとめ）に思はるる嫁の君」
[訳] めったにないもの。（それは）舅にほめられる婿。また、姑にかわいがられるお嫁さん。
②めったにないほど優れている。貴重だ。
出典：徒然草　一七七
「取りためけん用意ありがたし」

［訳］（のこぎりのくずを）ためておいたのであろうその心づかいは、めったにないほど優れている。

③生きにくい。過ごしにくい。

出典：源氏物語　東屋

「世の中は、ありがたくむつかしげなるものかな」

［訳］人の世は、生きにくくわずらわしいものよ。

④むずかしい。容易でない。

出典：源氏物語　行幸

「さるべきついでなくては、対面もありがたければ」

［訳］そのような機会がなければ、会って話すのもむずかしいので。

⑤尊い。おそれ多い。

出典：世間胸算用　浮世・西鶴

「これは神仏のこと、末世ならず、ありがたき御事と思ひ」

［訳］これは神仏のご加護のしるしで、（それがあるということは）まだ末世ではなく、おそれ多い御ことと思い。

［注意］現代語では感謝の意を表すが、古文では①の意味に用いられることが多い。

この中で、感謝へと展開するであろう「ありがたし」は、「②めったにないほど優れている。貴重だ」と「⑤尊い。おそれ多い」の「ありがたし」です。

「⑤尊い。おそれ多い」の文例として挙げられている『世間胸算用《せけんむねさんよう》』（井原西鶴《いはらさいかく》・作）は江戸時代1692年の成立とされていますから今はさておくとして、「②めったにないほど優れている。貴重だ」の文例として挙げられている、『徒然草《つれづれぐさ》』をまず見ていきます。

『徒然草』の成立年は1331年、あるいは南北朝騒乱開始以降の1339年などいろいろな説がありますが、いずれにせよ、鎌倉時代末期に、漢文ではなくかなまじり文で書かれた随筆です。

『徒然草』に見る感謝の言葉

『学研全訳古語辞典』の文例にある「取りためけん用意ありがたし」は、人が言った言葉として出てきます。ただし、完全な口語、話し言葉ではありません。言文一致を明確に意識した文章が登場する明治時代以前は、文章の中に話し言葉が登場することはもちろんあるにせよ、それらはすべて、「口語が入り混じっている可能性のある文語」ということになります。

『徒然草』177段は、蹴鞠《けまり》をするのに庭が雨で濡れたままだったところを、佐々木隠岐《ささきおきの》入道《にゅうどう》という人がためてあった鋸屑《のこくず》を運んできて撒いて泥土の心配がなくなり、そこで人々は「取りためけん用意ありがたし」と言って「感じ合へりけり」（感動した）、というエピソードです。

鋸屑をためてあるなど「なかなかないことだ」というのが「ありがたし」で、現代人からすると、「取りためけん用意ありがたし。どうも、どうも」などという流れを想像してなおしっくりくるところを考えれば、この「ありがたし」は感謝に大いに関連する言葉であるといえるでしょう。

とはいえ、明らかに感謝の言葉である、とは言えません。鋸屑をためておくなどなかなかできることではない、素晴らしい、という称賛にとどまる言葉です。

「なかなかできることではない」という称賛がいずれ感謝と合体して現在の「ありがとう」になっていくわけですが、『徒然草』の「ありがたし」は称賛どまりである、ということになります。

『徒然草』には「ありがたし」が、この177段を含めて計10段に登場しますが、称賛の意味を含む「ありがたし」は次に挙げる計4段で、177段を含めて計5段、50パーセントの確率です。「ありがたし」の2回に1回は称賛の「ありがたし」である、ということになります。

【36段】

「久しくおとづれぬ頃、いかばかりうらむらむと、我が怠り思ひ知られて、言葉なき心地するに、女のかたより、仕丁やある、ひとり、など言ひおこせたるこそ、ありがたくうれしけれ。さる心ざましたる人ぞよき」と、人の申し侍りし、さもありぬべきことなり。

［訳］「長く好きな女の家を訪ねないでいて、どれほど自分を恨んでいるだろうかと、自分の怠慢に言葉もない気持ちがしていた。そんな時、女の方から、『召使いはいますか。一人お貸しください』（筆者注：つまり、いらっしゃい、という意味）などと文を送ってくれたのが、思いがけなく嬉しかった。そんな寛容な心を持つ人はいい」と、さる人がおっしゃっていたのは、まったくその通りである。

【47段】

（尼僧がさかんに、くしゃみをしたときに唱える呪文「くさめくさめ」を繰り返している。別に誰もくしゃみをしていないのに、と思って理由を何度も尋ねると、その尼僧は「私が養育した若君が比叡山で修行をしているのだが、もしも今くしゃみをしていたらと思うと心配でたまらず、くさめくさめ、と申し上げている」と言ったことを受けて）

ありがたき心ざしなりけむかし。

［訳］ありえない愛情ではないだろうか。

【88段】

ある者、小野道風《おののとうふう》の書ける和漢朗詠集《わかんろうえいしゅう》とて持ちたりけるを、ある人、「御相伝、浮けることには侍らじなれども、四条大納言選ばれたるものを、道風書かむこと、時代や違ひ侍らむ、おぼつかなくこそ」といひければ、「さ候へばこそ、世にありがたきものには侍りけれ」とて、いよいよ秘蔵しけり。

[訳] 小野道風が書いたという和漢朗詠集を持っている人がいた。ある人が、「先祖代々のものを疑うわけではありませんが、四条大納言の撰書を道風が書くというのは時代が違います。やはり疑わしい」と言った。持ち主は、「疑わしいからこそ、世にもありがたいものなのでございます」と答え、ますます秘蔵してしまった。

【184段】

「尼も後はさはさはと張りかへむと思へども、けふばかりはわざとかくてあるべきなり。物は破れたる所ばかりを修理にて用ふることぞと、若き人に見ならはせて、心づけむためなり」と申されける、いとありがたかりけり。

[訳]（障子の破れたところだけを苦労して張り替えている尼に、一気にすべて張り替

えてしまう方が簡単できれいだ、と言ったところ）「尼（私）も、後でさっぱり貼り替えようと思うけれども、今日ばかりはわざとこうしているのである。物は壊れた所だけを修理して使うものだと、若い人に見習わせ、覚えさせるためにこうしている」とおっしゃった。とてもありがたいことだ。

『徒然草』には、実は「ありがたう」（ありがとう）も出てきます。

【188段】

人のあまたありける中にて、或者、「ますほの薄、まそほの薄《すすき》などいふことあり。わたのべの聖、この事を伝へ知りたり」と語りけるを、登蓮法師、その座に侍りけるが聞きて、雨の降りけるに、「簑笠やある、貸し給へ。かの薄のこと習ひに、わたのべの聖のがり尋ねまからむ」といひけるを、「あまりに物騒がし。雨やみてこそ」と人のいひければ、「むげの事をも仰せらるるものかな。人の命は雨のはれ間をも待つものかは。我も死に、聖も失せなば、尋ね聞きてむや」とて、走り出でて行きつつ、習い侍りにけりと申し伝へたるこそ、ゆゆしくありがたうおぼゆれ。

［訳］大勢の人がいる中である人が、「ますほの薄、まそほの薄などと言うことがある。わたのべの聖が、このことを伝え聞いて知っている」と言った。その場にいた登蓮法師が、雨が降っているところを、『笠と蓑はありますか。貸してください。薄の事を習いに、わたのべの聖のところへ行ってまいります』と言うので、周りの人は「あまりにせっかちです。雨がやんでからなさることでしょう」と言った。すると（登蓮法師は）「とんでもないことをおっしゃるものです。人の命は雨の晴れ間をも待つものでしょうか。そんなことはありません。私も死に、聖も死ねば、尋ね聞く人はいなくなります」と言って走り出て行き（薄のことを）習われた、と伝えられているのは、とんでもなくありがたいことであると思う。

「ゆゆしくありがたうおぼゆれ」は、「ゆゆしくありがたくおぼゆれ」の「ありがたく」がウ音便化したものです。

『徒然草』の著者である吉田兼好《よしだけんこう》（卜部兼好《うらべのかねよし》。1283?~1352?）は京都の人です。これがまさに大槻文彦博士の言う、《アリガタウ／難有（ありがた）し、ノ連用形、ありがたくノ音便ニテ、関西ニテハ、普通ナレド、関東ニテハ、ありがたく思フと云フ、ソレガ、下ニ敬語ノ添フ時ハ、音便ニ云フガ如シ》です。
ただし、「おぼゆれ」は敬語ではありませんから、敬語が下につくことは「ありがたく」が「ありがたう」にウ音便化する際の必須条件ではない、ということになります。

単体口語フレーズの「ありがたう」は登場しませんが、『徒然草』では感謝の前段階となる称賛の意味を含む「ありがたし」が普通に使われ、音便化した「ありがたう」も登場していることがわかりました。

そこで、次に注目したいのが、『学研全訳古語辞典』で、「③生きにくい。過ごしにくい」「むずかしい。容易でない」という、称賛とは遠くネガティブな意味の「ありがたし」の文例の出典として挙げられている『源氏物語』です。

『源氏物語』は、『紫式部日記』の中の1008年にあたる記事に登場することから同年にはすでに部分的に成立していたことがわかっています。しかし当時の『源氏物語』は現存しません。

『源氏物語』は写本に写本が重ねられて残り続けた物語で、今に伝わる『源氏物語』は、定家の日記『明月記』によれば藤原定家《ふじわらのさだいえ》（1162～1241）が、1224年から1225年にかけて家人に作業させてまとめあげた写本、通称「青表紙本《あおびょうしぼん》」が底本となっています。

したがって、写本が重ねられるうちに言葉遣いが書き換えられていった可能性を含めて、『源氏物語』がもしネガティブな意味の「ありがたし」ばかりで、ポジティブつまり称賛を意味する「ありがたし」の登場がないのであれば、少なくとも青表紙本の『源氏物語』が写本作業された1225年と『徒然草』が成立した1330年代との間に、「ありがたし」をポジティブに解さなければならないような何かが起こった、ということになります。

『源氏物語』の「ありがたし」はネガティブ？

結論から先に言えば、『源氏物語』には、ポジティブな意味合いの「ありがたし」がちゃんと登場します。

青表紙本の写本・大島本を中心底本とする新編日本古典文学全集『源氏物語』（小学

館）には、「ありがたし」あるいはその活用形が118個登場します。『源氏物語』は全54帖ですから、1帖に必ず2個以上は登場する計算になります。

118個のうち、「生きにくい。過ごしにくい」「むずかしい。容易でない」といったネガティブな意味の「ありがたし」は10個のみです。単に「めったにない」という状況を説明するだけの「ありがたし」が41個、そして、『徒然草』と同じく称賛の意味を含む「ありがたし」は67個登場します。

『徒然草』が「ありがたし」を称賛の意味で使う割合50パーセントに対して『源氏物語』のそれは約57パーセントですから、むしろ『源氏物語』の方が称賛の「ありがたし」を使うケースが多いと言うことができる、ということになります。

結論として、『源氏物語』成立から『徒然草』成立の間に「ありがたし」の意味を変化させるような事件が起こったということは考えられません。その点においては期待はずれ、ということではあるのですが、『源氏物語』の「ありがたし」を見ていくと、ひとつ、おもしろい、重要な疑問が出てきます。

第一章で1603年刊行の『日葡辞書』に登場する「ありがとう」を紹介しました。ポルトガル語表記の「Arigatõ」として登場するわけですが、この「Arigatõ」は果たして本当に、現在一般的に使われている「ありがとう」と同じものなのか、という根本的な疑問です。

「Arigatô」は単体で載っていますから、「ありがとう」という単体の口語フレーズのように見えます。「Arigataía」(ありがたや)という、こちらは明らかに、能のセリフとはいえ口語フレーズである言葉と並んで載っているからなおさらそう見えるのですが、この見立ては果たして正しいのでしょうか。

「ありがとう」などとは決して言わない光源氏

『徒然草』の「ありがたう」と同じく、『源氏物語』にも「ありがたう」が登場します。紫式部とされている作者の特定は保留されなければならないとしても、『源氏物語』は少なくとも平安京でつくられた物語であり、大槻文彦博士の「ありがとう」京都弁説はここにも生きていることになります。

『源氏物語』においては、「ありがたし」あるいはその活用形118個のうち、15個が「ありがたう」ですから、作者が10回「ありがたし」を使おうとすれば、必ず1個は「ありがたう」になってしまう計算です。

「ありがたう」に意味合いの傾向はありません。「生きにくい」「むずかしい」といったネガティブな意味合いでも、「貴重で優れている」といったポジティブな意味合いでも、「めったにない」といったプレーンな意味合いでも使われます。次のような具合です（帖順不同）。

【ネガティブ】

定めなき世と言ひながらも、さして厭《いと》はしきことなき人の、さはやかに背き離るるもありがたう、心やすかるべきほどにつけてだに、おのづから思ひかかづらふほだしのみはべるを、などか、その人まねにきほふ御道心は、かへりてひがひがしう推し量りきこえさする 人もこそはべれ。（鈴虫）

［訳］無常な世の習いとは言いながらも、特に世を厭う理由のない人が、さっぱりと出

家することも難しいことで、簡単に出家できそうな身分の人でさえ、いつのまにか関わり合う縁ができてしまって世を背くことができませんのに、どうして、そのような人真似をして、負けたくないという気持ちで出家なさろうとするのは、かえって妙なお心掛けと推量なさる人もおられるでしょう。

【ポジティブ】
かならずその日違へずまかり着け、とのたまへば、五日に行き着きぬ。思しやることも、ありがたうめでたきさまにて、まめまめしき御訪らひもあり。（澪標《みおつくし》）
［訳］「必ずその日に間違いなく到着しろ」とおっしゃったので、五日に到着した。ご配慮のほども、世にまたとなく結構な有様で、実用的なお見舞いの品々もある。

【プレーン】
ありがたう、よろづを思ひ澄ましたる御住まひなどに、たぐひきこえさせたまふ御心のうちは、何ごとも涼しく推し量られはべれば、なほ、かく忍びあまりはべる深さ浅さのほども、分かせたまはむこそ、かひははべらめ。（橋姫）

［訳］めったにないほどに、何事にも悟り澄ましているご生活などに、ご一緒申されておいでのご心中は、すべて推量されておられることと思いますから、やはり、このように堪えることのできない（私の）気持ちの深さ浅さも、お分かりいただけることは、甲斐がございましょう。

ポジティブとした「ありがたうめでたきさま」の「ありがたう」は、「めでたきさま」を強めるために添えられている言葉ですから、「めったにない」という解釈だけでいい、つまり、プレーンの「ありがたう」であると考えることもできます。

他にも文例として、《ありがたうこまやかなる御いたはりのほど（澪標）／めったにないほどのお心づかいのほど》、《ありがたうをかしげなるを（乙女）／めったにないくらい美しいのを》などがありますが、この「ありがたう」もプレーンのタイプでしょう。なんとなく称賛の意味も入っているような感じもしますが、単なる修飾語のようにも見えるわけです。「ありがたう」などは必要なく「めでたきさま」「こまやかなる御いたはり」「をかしげなるを」だけで成立するではないか、ということです。

ところが、次の「ありがたう」はちょっと様子が違います。

いとうれしう、浅からぬ御訪らひのたびたびになりはべめるを、ありがたうもと聞こえはべるも。（柏木）

[訳] かように忝《かたじけ》なくたびたびお見舞いくださいまして、お礼の申しようもございませんが。

この「ありがたう」について、日本語学者の我妻多香子《あがつまたかこ》氏が、論文『「カタジケナシ」考（その三）』（『学習院大学上代文学研究（13）』収録、1988年）の中で次のように述べています。

《右の「源氏物語」の例は、夕霧が一条の宮を訪問した折に、それを迎えた御息所が発した言葉の一部である。直訳すると「たいそううれしいことにご親切なお見舞を重ね重ねいただきましたそうで、めったにないご厚志と感謝致しておりますが……」となる。よってアリガタシは、弔問の使者を何度もよこしたことが、自分にとって思いがけなく珍しいことだったとすれば、①「稀だ、珍しい」の意味に、また、相手のその行為に重点を置けば、⑤「またとなく尊い、おそれ多い」の義になる。そしてまた、相手の度重なる弔問を

深く謝して述べた言葉とすれば、⑥「感謝したい気持である、もったいない」の意味にとることも可能である》

（筆者注：我妻氏は、アリガタシを①「稀だ、珍しい」②「困難だ、難しい」③「生きることが難しい、暮らしにくい」④「めったにないほど優れている」⑤「またとなく尊い、おそれ多い」⑥「感謝したい気持である、もったいない」の6つに分類している）

我妻氏は同論文の中で、《ここのアリガタシは、いくつかの意味にとることが出来るので、ただ純粋に感謝のみを表すという現代の用法とはおのずから異なっている》としながら、《感謝の意がこめられたアリガタシの例が、すでに中古から見えている点は、大いに注目していいと思う》としています。「中古」は時代区分のひとつで、文学史においては平安時代を中心とした時代のことです。

話し手の力点、さらに言えば、聞く側の受け取り方によっても意義が変わるのがここに登場する「ありがたう」ですが、いずれにしても、明らかに「感謝」の意味を「ありがたし」一語で示している可能性のある「ありがたう」は、平安時代には登場していた、ということになります。

「ありがたし」を感謝の意味に使わない『徒然草』はむしろ後退しているとも言えます。あるいは、少なくとも、感謝を意味する言葉としての「ありがたし」は14世紀においてはまだ定着していなかった、と言うことができます。

『源氏物語』に登場する「ありがたう」は、現在の「ありがとう」の直系の祖先です。感謝の意義が場合によって変化するという性格も実によく似ています。

ただし、『源氏物語』には、単体口語フレーズの「ありがたう」は登場しません。

現在の「ありがとう」と同じく、人ないし事物に相対して感謝を述べる単体口語フレーズとしての「ありがたう」は江戸時代の、それも後期にならないと文献には登場しないのです。前掲論文『「カタジケナシ」考（その四）』（1989年）では、次のような例が紹介されています。

「ははは丶お有がたふ御座りんす」
洒落本：遊子方言《ゆうしほうげん》　田舎老人多田爺《ただのじじい》・作　1770年・刊（推定）

「是はありがたふぞんじます」

洒落本：辰巳之園《たつみのその》　夢中散人寝言先生《むちゅうさんじんねごとせんせい》・作　1770年・刊

「春にでもなって下らっしゃい」「ありがたふござりまする」

黄表紙：敵討義女英《かたきうちぎじょのはなぶさ》　南杣笑楚満人《なんせんしょうそまひと》・作　歌川豊国《うたがわとよくに》・絵　1795年・刊

「コリャありがたうござります」

「コレハ河四郎さん、有がたふございます」

滑稽本《こっけいぼん》：東海道中膝栗毛《とうかいどうちゅうひざくりげ》　十返舎一九《じっぺんしゃいっく》・作　1802～1814年・刊

これらは完全に現在タイプの「ありがとう」です。作家の個性や好む文体ということもありますが、1680年代から1720年代にかけて浄瑠璃《じょうるり》および歌舞伎の台本を書き続けた近松門左衛門《ちかまつもんざえもん》の作品には登場しませんから、現在タイプの「ありがとう」は、おおむね18世紀の中頃以降に一般化したものだと考えられます。

つまり『日葡辞書』の「Arigatô」は現在タイプの「ありがとう」ではなく、『源氏物語』や『徒然草』などに見られる「ありがたし」の連用形がウ音便化した「ありがたう」

が掲載されているに過ぎない可能性がある、ということになります。

「ありがとう」は1603年刊行の『日葡辞書』にもすでに載っている古来の言葉だというのが通説になっていますが、『日葡辞書』に載っている「Arigatô」はどちらかといえば現在の「ありがとう」とは違う、「ありがたく」の活用参考例としての「ありがとう」である可能性の方が高い、と言えるでしょう。

「ありがたし」の古代史と夏目漱石のニセ漢文

現在の「ありがとう」の祖先である『源氏物語』の「ありがたう」のルーツは、前掲論文『「カタジケナシ」考』の著者・我妻多香子氏によれば、「めったにないほど優れている」、「またとなく尊い、おそれ多い」の意味の「ありがたし」です。

では、この「めったにないほど優れている」、「またとなく尊い、おそれ多い」の意味の

「ありがたし」はいつ登場するのでしょうか。

710年の平城京遷都から、平城京から長岡京への遷都があった784年までを一般的に奈良時代と呼びます。794年に平安京遷都があって平安時代の始まりとされるわけですが、古代から奈良時代の終了あるいは平安時代のはじめくらいまでに成立した書物としてよく知られているものに、『古事記』(712年)、『風土記』(713年)、『日本書紀』(720年)、『万葉集』(奈良時代末)、『続日本紀《しょくにほんぎ》』(797年)があります。

この中で「ありがたし」は、『古事記』『風土記』『日本書紀』『続日本紀』にはまったく出てきません。現存最古の和歌集である『万葉集』にのみ、それも一箇所のみに登場します。

我妻多香子氏が、前掲論文『「カタジケナシ」考(その三)』で指摘していますが、次の大伴家持《おおとものやかもち》の長歌に登場します。「ありがたし」がどこにどう出てくるのかわかりやすくするために、かな漢字まじり文で部分引用します。本来の歌は次の引用の3倍ほどの量があります。

【万葉集4011番】

大伴家持　思放逸鷹《のがれたるたかをおもひて》夢《ゆめ》見《み》感悦作歌一首《よろこびてつくるうたいっしゅ》（部分）

露霜の　秋に至れば　野も多に　鳥すだけりと　大夫の　友誘ひて　鷹はしも　あまたあれども　矢形尾の　我が大黒に（大黒者蒼鷹之名也）　白塗の　鈴取り付けて　朝猟に　五百つ鳥立て　夕猟に　千鳥踏み立て　追ふ毎に　許すことなく　手放れも　をちもかやすき　これをおきて　またはありがたし【ありがたし（安里我多之）】　さ慣らへる　鷹はなけむと　心には　思ひほこりて　笑まひつつ

［訳］露霜が降りる秋ともなれば、野も鳥たちでいっぱいで、仲間を誘って鷹狩りをすることになり、鷹といえば、仲間も数々所有しているけれど、矢羽根のような尾羽をもつ矢形尾の、私の大黒（大黒とは私の鷹の名前である）に、白塗りの鈴を取り付け、朝猟に出てはたくさんの鳥たちを追い立て、夕猟には勢子《せこ》たちが鳥を追い立て、追うたびに、鷹は鳥たちを取り逃がさず、手を離れたかと思うと舞い戻る、私の大黒のような鷹はなかなか得難い、こんなに慣れた鷹は他にないだろうと、心中で自慢に思い、ほくそ笑んでいた。

大伴家持は中納言まで出世した朝廷官僚で、この歌を見る限り、凄まじい鷹フェチです。

歌には続きがあって、家持の大事な鷹の大黒を、とある鷹狩仲間が連れ出して逃してしまいます。家持は打ちひしがれ、いなくなってしまった大黒に恋い焦がれていると夢に少女が現れ、「早ければ2日ほど、遅くとも7日のうちには戻ってくるから、そんなに思いつめなくてもいいじゃないの」と慰められるとともにたしなめられる、というなんともノンキな話です。

ここに登場する「ありがたし」は、こんなに良い鷹は「いない」という意味ですから、見事に「めったにないほど優れている」の「ありがたし」です。

そして、この、家持の長歌に出てくる「ありがたし」のひとことから、たいへん興味深い事実が浮かび上がります。

万葉集の歌はすべて万葉仮名と呼ばれる、一部は漢字の意味が生かされているものの、主には音のみで引っ張ってきた漢字を連ねて書かれています。『万葉集』に収録されている万葉仮名で書かれた歌は、純然たる日本語、つまりそれ以前に何万年の歴史があるかわからない、はてしなき古来の日本語です。

「ありがたし」にあてられている万葉仮名は「安里我多之」です。これは、意味などはまったく無視して、完全に音のみから拾い上げてきた漢字でできている万葉仮名です。

つまり、間違いなく「ありがたし」は純然たる日本語である、ということです。漢文から展開されてできた言葉、つまり中国で生まれた言葉ではありません。

「ありがたし」は古来、縄文期から綿々と受けつがれてきた日本語のひとつだと言うことができる、ということになります。

「ありがたし」は現在、漢字があてられる場合、一般的には「有」と「難」が使われます。「有り難し」や「有難し」、「有り難い」や「有難い」と表記されます。

例外があります。明治の文豪・夏目漱石（1867～1916）の『吾輩は猫である』（1905～1906年、雑誌『ホトトギス』連載）は、「難有い難有い」という猫の独白で終わります。「有難い」ではなくて、「難有い」です。「有」と「難」の順番が逆になっています。

明治時代には、言文一致を主義とする文化人であっても、時に、「難有い」というふうに、レ点で返る漢文調のフレーズを、おそらくは気取って使う風潮がありました。

ところが、この「難有い」の「難有」は、先に触れた通り、純然たる漢文ではありません。「難有」は、出自の後先が逆で、日本語を漢文に展開したものです。ちなみに、大槻文彦博士の国語辞典『大言海』は、「ありがとう」の漢字の当て字として漢文表記の「難有」を見出しで使っていました。

『古事記』は一部万葉仮名に近い変体漢文、『風土記』『日本書紀』『続日本紀』は、当時の官僚がまとめ上げていますから主に純然たる漢文で書かれています。

そうした漢文を当時も今も日本人は日本語で読み下して扱うわけです。つまり、『古事記』にも『風土記』にも『日本書紀』にも『続日本紀』にも「ありがたし」が登場しない理由はここに明確です。

当然の話です。漱石が『吾輩は猫である』において漢文として使った「難有」は、今日でも、また昔の中国語にも存在しなかったから、漢文で書かれている『古事記』『風土記』『日本書紀』『続日本紀』に「ありがたし」は登場しないのです。「ありがたし」に相当する中国語表記は今も存在しません。

「めったにないほど優れている」という意味を持つ「ありえない、存在しえない」の「ありがたし」は日本特有の言葉であり、したがって、漢文で書かれている『古事記』、『風土記』、『日本書紀』『続日本紀』に「ありがたし」は登場しない、ということになります。

大伴家持の長歌がたったひとつだけであるにしろ、古代の文献の中で、漢文ではなく万葉仮名で書かれた『万葉集』にだけ「ありがたし」が登場しているのは、これが理由です。

『古事記』は、現存する日本最古の書物である、とされています。ということは、『万葉集』は、「ありがたし」が登場する現存最古の書物だ、と言えます。

しかも、『万葉集』の「ありがたし」は、「めったにないほど優れている」の意味の「ありがたし」です。

現存最古の「ありがたし」が現在の「ありがとう」の直系の祖先である、ということになります。それ以前、つまり、8世紀より前の事情については、文献が現存せず、記録が残っていないので残念ながら不明です。

妄想をたくましくするなら、「ありがたし」が和歌を構成するのに都合のよい5音からなる言葉であり、大伴家持の長歌にのみ登場することを考えれば、「ありがたし」は、もしかすると家持が発明した当時の新語である可能性もあります。

平安初期、913年頃の成立とされる『古今集』の、紀貫之《きのつらゆき》による序文にも計1100首からなる収録和歌にも「ありがたし」は登場しませんから、この妄想も検討の余地がないとは言えません。

いずれにしても現在の「ありがとう」の直系の祖先である「ありがたし」は、少なくとも8世紀にはすでに使われていた、ということになります。

古代の天皇が使った「ありがたし」大事件

『古事記』にも『風土記』にも、『日本書紀』にも『続日本紀』にも、「ありがたし」は登場しません。そして、実は、「ありがたし」が登場しないからこそ、そこから逆算して導き出されるたいへん興味深い事実があります。

歴史学者および国文学者の宇治谷孟《うじたにつとむ》氏は『日本書紀』ならびに『続日本紀』の全現代語訳の偉業で知られています（ともに講談社学術文庫）。実は、その宇治谷氏が、「有難く」という訳をあてた部分が『日本書紀』と『続日本紀』のそれぞれに一箇所ずつだけ存在するのです。

奈良時代から平安時代にかけて朝廷が編纂した日本の歴史書6つを「六国史《りっこくし》」と言います。『日本書紀』『続日本紀』『日本後紀』『続日本後紀』『日本文徳天皇実録《にほんもんとくてんのうじつろく》』『日本三代実録』の6つです。

720年に成立した『日本書紀』は、「神代」とされた神話部分と、初代神武《じんむ》天皇から第41代持統《じとう》天皇までの記録部分とでできています。797年に成立した『続日本紀』は、『日本書紀』に続く日本国正史第二弾で、697年から791年までの日本の歴史、と言うよりも朝廷の行政記録です。『日本書紀』『続日本紀』ともに編年体および漢文で書かれています。

まず、『日本書紀』の現代語訳版では、次の部分に「有難い」という訳があります。

《けれども死ぬのは寿命というものです。どうして惜しむに足りましょうか。ただ妹の幡梭皇女（はたびのひめみこ）がみなし子になるので、心易く死ぬことができぬのです。いま陛下がこの女の醜いことをお嫌いにならなくて、宮廷の女性の仲間に入れて下さろうという、これは大変に【有難い】恩恵でございます》（『日本書紀（上）全現代語訳』宇治谷孟、講談社学術文庫）

《陛下》とは、第20代安康《あんこう》天皇のことです。なぜ、「有難く」なのかという理由は右の通りですが、《これは大変に有難い恩恵でございます》の原文の漢文と読み下し文は次のようになっています。

《是甚之大恩也、何辭（二）命辱（一）》
《是、甚（にへさ）に大恩（おほきなるめぐみ）なり。何ぞ命（おほみこと）の【辱（かたじけな）き】を辭（いな）びまうさむ》

逐語《ちくご》で訳すと、「これは、はなはだしく大きな恩である。どうして、おほみこと（天皇）のかたじけないことを否定できようか」となります。『日本書紀（上）全現代語訳』においては、「辱き（かたじけなき）」に「有難い」の訳があてられています。

一方、『続日本紀』には、第42代文武《もんむ》天皇、第43代元明《げんめい》天皇、第44代元正《げんしょう》天皇、第45代聖武《しょうむ》天皇、第46代孝謙《こうけん》天皇、第47代淳仁《じゅんにん》天皇、第48代称徳《しょうとく》天皇（孝謙の重祚《ちょうそ》）、第49代光《こう》仁《にん》天皇、第50代桓武《かんむ》天皇の、9代8人の天皇の御代《みよ》が記録されているわけですが、宇治谷氏が「有難く」という訳をあてたのは、第46代孝謙天皇の条の、次の箇所です。孝謙天皇の勅《ちょく》、つまり天皇が直々に出す命令文の一部分です。

《朕は謹んでこの喜ばしいお符（しるし）を受け、顧みて自らの特の薄いことを恥じる。どうして朕の力だけで、この瑞兆をもたらすことができようか。これは賢明な補佐の人々のもたらした功（てがら）である。王公らと共に、この賜わり物を【有難く】頂こう。まさに天のお言葉がここに下り、世がめでたく栄える始まりである。この恩恵を天下の人々に蒙らしめたいと思う。天平勝宝九歳八月十八日を改めて、天平宝字元年とする》（『続日本紀（中）全現代語訳』宇治谷孟、講談社学術文庫）

聖武天皇の娘である女帝・孝謙天皇が元号を天平勝宝《てんぴょうしょうほう》から天平宝字《ほうじ》に改元することを命じるのですが、その理由を述べている部分です。駿河国《するがのくに》の、おそらくは役人である金刺舎人麻呂《かなさしのとねりのまろ》という人が献上してきた蚕《かいこ》の卵の並びが自然のなりゆきでたいへんにめでたい内容の文章を表したので、これを吉兆として改元する、という話です。

《王公らと共に、この賜わり物を有難く頂こう》が問題の部分です。この部分の原文の漢文と読み下し文は、次の通りです。

《宜（下）与（二）王公（一）共辱（中）斯貺（上）》

《王公と共に斯の貺（たまもの）を【辱（かたじけな）く】すべし》
（『新日本古典文学大系　続日本紀　三』（岩波書店））

「有難う」の訳が与えられているのは、こちらも「辱し」です。大槻文彦博士の『言海』では「（一）畏シ。恐レ多シ。勿體ナシ。（二）恵ミヲ受ケテ嬉シ。」と説明され、『日葡辞書』では「人に対して、あるいは事物に対して感謝を示す、口に出して言う言葉」と解説されている言葉です。

我妻多香子氏は前掲論文『「カタジケナシ」考』のその一で、《普通、このカタジケナイを漢字で書く場合には、「恭」もしくは「辱」をあてている。これら両字の原義は、いずれも「はずかしめる、けがす」であるが、やがてそれが転じて、他人の好意に対してへりくだっていう場合にも用いられ、「かたじけない、もったいない、ありがたい」の意が生じたという》とし、また次のように述べています。

《カタジケナシはもともと「顔が醜い」の意味を有していた語であった。すると、その状態は、当然人前では恥ずべきものなので「恥ずかしい、みっともない」の意味が生じた。

そして、このように自らが恥じ入ることは、必然的に相手のあり方が優れていることを認めることになり、相手に対して「おそれ多い、申しわけない」という気持を抱く意味に変わって行く。さらに、相手に恐縮するこの気持を、自らが受けた恩恵ととれば、「ありがたい、うれしい」という意に転じるわけである。右のように考えると、上代（筆者注：奈良時代までの時代）で見られたカタジケナシの四つの意味は

①顔が醜い
②恥ずかしい、みっともない
③おそれ多い、申しわけない
④ありがたい、うれしい

の順に派生したと考えられる》（『「カタジケナシ」考（その一）』、『学習院大学上代文学研究（11）』収録論文、1986年））

「かたじけなし」に対する、《有難い恩恵》や《この賜わり物を有難く頂こう》という訳は、我妻氏の分類によれば、「③おそれ多い、申しわけない」を強く持つ「④ありがたい、うれしい」の意味合いで訳されたものだ、と言っていいでしょう。

おもしろいのは、『古事記』に「かたじけなし」は登場しない、ということです。そして、これもまた実は当然のことです。

『古事記』の各エピソードあるいは記録の主人公は神様と天皇です。神様と天皇は、他から「かたじけない」と思われる対象ではあっても、何物かに対して「かたじけない」と思う存在ではありません。だから『古事記』に「かたじけなし」は登場しないのです。

少なくとも『古事記』と『日本書紀』において、神様と天皇および天皇家は、常に上に上にとある存在です。日本語の敬語の構造の基本はここにあります。

したがって、今上《きんじょう》陛下をはじめ、歴代の天皇陛下、皇后陛下、親王殿下、内親王殿下が公式な式典においてお使いになる感謝の言葉は「ありがとうございます」ではなく、「うれしく思います」あるいは「喜ばしく思います」なのです。視点を変えて言えば、一般人が、たとえそれが総理大臣であったとしても、「うれしく思います」と言うのを聞いた時になんとなく感じる違和感はここからきています。

天皇の上に何者かがいる？

我妻多香子氏の前掲論文によれば、『日本書紀』には、「かたじけなし」が、安康天皇の条の他に、あと2つだけ、登場します。「神代・下」に、天孫が降りて来られたことに対する海神の「かたじけなし」、同じく天孫がおいでになったことに対する「かたじけなし」の2つで、ともに、海神といった下位の神様が、この上ない存在の天孫に対して「おそれ多い」と感じる「かたじけなし」です。

ところが、『続日本紀』の孝謙天皇の勅、《王公と共に斯の睨を辱くすべし（王公らと共に、この賜わり物を有難く頂こう）》の「辱く（かたじけなく）」はまったく様子が異なります。

孝謙天皇は、明らかに、日本の神でも皇祖でも歴々の先祖の天皇でもない、別の何物あるいは何者かを「おそれ多く、ありがたい」としています。

孝謙天皇は、この上のない天皇でありながら「おそれ多くて、ありがたい」とすべき存在を自らのその上に想定してしまっている、ということになります。

『日本書紀』にこのタイプの「かたじけなし」は登場しません。『続日本紀』においても、孝謙天皇以前の文武天皇、元明天皇、元正天皇は、半ば決り文句のようにまず歴代天皇に対して「おそれ多い」と挨拶してから勅を述べ始めることはあっても、孝謙天皇のタイプの「おそれ多い」は決して使わないのです。

天皇が、歴代天皇および皇祖神以外に「おそれ多い」とする存在をおくのは、この時期、つまり奈良時代の中期になって初めて現れた現象です。

これは、孝謙天皇、そしてその父親である聖武天皇のプロフィールに関係しています。この時期、皇位は、「聖武天皇」が娘である阿倍《あべの》内親王に譲位して「孝謙天皇」→孝謙天皇が天武天皇の孫である大炊王《おおいおう》に譲位して「淳仁天皇」→孝謙上皇が淳仁天皇を廃位して重祚し「称徳天皇」、という流れで継承されていきました。

仏マニアの孝謙天皇が引き起こした一大騒動

孝謙天皇は、何に対して「かたじけなし」としたのでしょうか、孝謙天皇が「おそれ多い」と感じた、歴代天皇および皇祖神以外の存在とは何だったのでしょうか。

孝謙天皇が元号を天平宝字に改元するきっかけとなった、蚕の卵によって形成された文字は、「五月八日開下帝釈標知天皇命百年息」でした。ここに答えが出ています。

群臣に議論させて結論させ、奏上《そうじょう》させたこの文字の意味は次のようなものでした。

《「天平勝宝九歳丁酉《ひのととり》の歳の五月八日は、陛下（筆者注：孝謙天皇のこと）が太上天皇（筆者注：聖武のこと）の一周忌のために、法会（筆者注：ほうえ。僧を集めて行う供養仏事）を設けて悔過（筆者注：けか。罪を悔い改める）することが終わる日であります。ここに帝釈天は皇帝・皇后の至誠に感じて、天上界の門を開け、地上界の陛下のすぐれた仕事をよく見て、陛下の御代が百年もの長い間続くことを表したものです。日月の照らすところ、すべて天子の子孫が繁栄し、天地の間にあるものは、すべて陛下の御代の長く延びることを知っています。この瑞兆（筆者注：蚕の卵の瑞兆）は仁の心による徳化があまねく行き渡り、国内穏やかで、慈しみが遠くにまでうるおい、国家が全く平らかになるという験（しるし）であります」》（前掲『続日本紀（中）全現代語訳』）

孝謙天皇が「辱く（かたじけなく）」つまり「おそれ多い」と感じているのは、《帝釈天は皇帝・皇后の至誠に感じて、天上界の門を開け、地上界の陛下のすぐれた仕事をよく見て、陛下の御代が百年もの長い間続くことを表した》ということに対してです。

帝釈天《たいしゃくてん》は梵天《ぼんてん》と並ぶ仏法つまり仏教の大守護神で、天上界の王とされています。これが答えです。

孝謙天皇は天皇でありながら具体的には帝釈天を、広義では仏教世界をこそ自らの上においてしまった、ということです。

渡来人による個々人への伝来年代についてはどれだけ遡れるか不明ですが、日本への公的な仏教伝来は５３８年あるいは５５２年だとされています。

第29代欽明《きんめい》天皇に対して百済《くだら》の聖明王《せいめいおう》の使者が仏像や仏典とともに仏教を賞賛する上表文を献上した、という出来事が伝来の実態ですが、『日本書紀』と他の文献、『元興《がんごう》寺《じ》伽藍《がらん》縁起《えんぎ》并《ならびに》流記《りゅうき》資財帳《しざいちょう》』（７４７年成立）や『上宮《じょうぐう》聖徳《しょうとく》法王《ほうおう》帝説《ていせつ》』（８２４年以降成立）の記録とで、伝来が起こった年の比定が違っています。現在の研究では、『上宮聖徳法王帝説』などの記録から比定される５３８年が有力であるとされているようです。

古代日本で仏教を重んじたとされる代表的な人物としてはまず、聖徳太子（廐戸皇子《うまやどのおうじ》）、ということになるでしょう。大阪の四天王寺、奈良斑鳩《いかるが》の法隆寺などの寺院建立は有名です。また、『日本書紀』にまとめられている聖徳太子発案の「十七条憲法」において、仏教について述べた第2条「篤く三宝を敬へ。三宝とは仏・法・僧なり」が、天皇について述べた第3条「詔《みことのり》を承りては必ず謹め、君をば天とす、臣をば地とす」よりも先に出てくることはよく知られています。

とはいえ、「十七条憲法」が発表された3年後、推古《すいこ》天皇から次のような、仏教偏重を戒める勅が出されています。聖徳太子は天皇を補佐、実質的にはなり代わって執政する摂政の地位にいましたから、この勅は聖徳太子によって発案されたものだといっていいでしょう。聖徳太子は仏教を重んじて当時の日本を仏教国にしようとしたのではなく、神道と仏教の両立あるいは共存を図った人でした。

《「古来、わが皇祖の天皇たちが、世を治めたもうのに、つつしんで篤く神祇（しんぎ）を敬まわれ、山川の神々を祀り、神々の心を天地に通わせられた。これにより陰陽相和し、神々のみわざも順調に行われた。今わが世においても、神祇の祭祀を怠ることがあってはならぬ。群臣は心を尽くして、よく祭祀を拝するように」》（『日本書紀（下）全現代語訳』）

この勅から、当時、神道が仏教に押され気味だったことがわかります。そしてまた、神道と仏教はまったく別のものと考えられて扱われていたこともわかります。

この勅が出されたのは607年のことですが、100年ほど後には、神社の中に建てられる寺、神宮寺が登場しています。儀礼をはじめ当時アジア圏の外交プラットホームでもあった仏教を国内消化するために、日本は、神仏習合のテクニックを使って対応していくことにした、というわけです。

仏教を国家事業化した天武天皇

仏教の取り扱いを政策とし国家事業化したのは、第40代天武《てんむ》天皇（在位673〜686年）でした。

天武天皇は、壬申《じんしん》の乱（672年）に先立って、兄の天智《てんじ》天皇から得度を許されて吉野に隠遁《いんとん》していた、元・出家僧です。その後の成り行きから考えるなら、もちろん、出家僧というのは隠れ蓑でした。

天武天皇は、即位後すぐに高市大寺《たけちだいじ》（奈良県明日香村）を建立し、677年に名を「大官大寺《たいかんだいじ》」に改称しました。「大官」とは天皇のことです。天皇が自ら建立した国家の中心寺院である、ということを意味していました。

当時、寺は、中央においても地方においても各有力者が自己采配で計画し、建立していました。天武天皇は、675年、各寺に与えるかたちになっていた山林および池を公収して朝廷のものとします。

６４５年の乙巳《いっし》の変における飛鳥寺がそうであったように、当時の寺は軍事基地として機能していました。山林および池の公収は、各寺を経済的にも自立させないための政策です。

また、同年、天武天皇は諸国に使いを出して「一切経《いっさいきょう》」を求めさせました。おそらくは押し売りです。一切経とは、仏典集成です。

一切経の政策においては、諸国の寺が共通の仏典集成を持つことになったことが重要です。建築学者で特に寺院建築の研究で知られる丸山茂氏は論文『天武朝の宗教環境』（『跡見学園女子大学マネジメント学部紀要（７）』掲載、２００９年）で、《当時公的・私的に流入していたさまざまな教典を、それは国家にとって好ましくない教典も流入していたと考えられるが、すべて掌握し管理しようとする意図の表れであろう》としています。

丸山氏が同論文でまとめていますが、天武天皇の下で、《寺院は国営の官寺とその他の寺院に編成》され、《寺院の存続は国家の意思で決定》されるようになり、《僧尼は必ず国家に登録された寺院の内部に居住し、定められた服を着して寺内で修行をしなければならない》ということになりました。

その上で天武天皇は６８３年、朝廷官僚である僧正《そうじょう》と僧都《そうず》をあらためて任命し、律師《りっし》という官職を創設しました。仏教関係者に対する認可行政機関と諜報機関と秘密警察が一緒になったような体制です。これをもって天武天皇の下、仏教は僧侶の自由にはならなくなりました。

仏教関係者による抵抗の記録は残っていませんから、こうした政策を、有無を言わさず直ちに実現していく天武天皇の独裁力がいかに凄まじいものだったか、という話でもあります。天武天皇の御代に、仏教は次のような様相でした。

《仏教の普及は、天武朝以前には都周辺に限られていたが、天武朝になり「諸国」への指示が発せられることで、国の支配が及んでいる地方へ遍《あまね》く仏教がもたらされるようになった、と考えられる。天武天皇五年（676）には諸国に詔して放生会《ほうじょうえ》を行わせ、また同年には諸国に使いを遣わし、「金光明経」と「仁王経」を講読させた。使を遣わしたのは、国によってはいまだ寺院や僧侶の備えのないところがあったからであろう。六年（677）には、天皇自らが飛鳥寺に赴き（大官大寺がまだ完成していないためであろう）、仏を礼拝した上で、国家を構成する親王・諸王・群卿に、一家に一人が僧となることを勧めた。朝廷全体が仏教に帰依《きえ》することとなる。十四年（685）には諸国の家ごとに仏舎を造り、仏像・経を置いて礼拝せよとの詔が出される。これは地方の有力氏族に仏教を勧奨するものであろう。この間、宮中ではしばしば経が講説され、安居（筆者注：集団で修行すること）が行われ、設斎（筆者注：僧侶に食事を施して供養すること）が行われた。いわば、国民全員を仏教徒とする方向で浸透が図られたのである》（前掲論文『天武朝の宗教環境』）

そして、天武天皇から半世紀ほどが過ぎた奈良時代の中頃、孝謙天皇という、仏教世界を自らの上においてしまう天皇が登場します。

聖武天皇から孝徳天皇、重祚して称徳天皇までの749年から770年、間に挟まっている淳仁天皇は廃帝を前提とした政略的な存在ですから放っておくとして、この間の約20年はきわめて特異な時期でした。

聖武天皇は天武天皇のひ孫であり、孝謙天皇は聖武天皇の娘です。ともに天武天皇の直系です。天武天皇は仏教を飼いならしましたが、聖武・孝謙（称徳）天皇父娘は仏教に、病的なかたちで依存しました。

仏教依存症の父と娘

第45代聖武天皇は、百科事典などによれば、つまり一般的には、「仏教に深く帰依して国分寺《こくぶんじ》・国分尼寺《にじ》や東大寺を建て、東大寺の盧遮那仏《るしゃなぶつ》（大仏）を造立」し、「その造営事業は恭仁京《くにきょう》、紫香楽宮《しがらきのみや》、難波京《なにわきょう》と3回にわたる遷都とともに膨大な費用を要し、国家財政は乱れた」ことで知られています（平凡社『百科事典マイペディア』より）。

聖徳太子の時代は、神道と仏教は別々の存在でした。実質的には聖徳太子の発案ですが、推古天皇の「仏法にかまけて神祇の祭祀を怠るな」という趣旨の勅は、だからこそ出されたものです。

仏教と神道が合体を始めるのはいつ頃からか、については、藤原一族の来歴をまとめた『藤氏家伝《とうしかでん》』（760年成立）に「武智麿《むちまろ》が715年に越前国気比神宮寺《えちぜんのくにけひ》を建立した」という記事があることからこれを機とする説など、さまざまな説があるようですが、とにかく日本において、仏教と神道は合体の道を進みます。

当時、この、いわゆる神仏習合のあり方には2系統ありました。

神道の神々は前生の罪業による煩悩に苦しむ衆生《しゅじょう》と同じ身で、神の身を離れ仏教に帰依して救済されたいと願っている、と考える神仏習合がまずひとつです。

神宮寺の建立はこの考え方から出ていて、神社に祀られている神は仏教に帰依し、大菩薩の神号が奉られる、という仕組みです。後に「神身離脱説」と呼ばれるようになる神仏習合の説で、主に民間に浸透しました。

もうひとつは、神道の神々は仏教の梵天、帝釈天、四天王などの天善神と同じであり、仏法を守護する護法神とみなす、と考える神仏習合です。

これはたとえば、寺院の中に鎮守社《ちんじゅのやしろ》が建てられるなどのかたちになって表れます。後に「護法善神説」と呼ばれるようになる神仏習合の説で、こちらは朝廷において浸透しました。

もうひとつ、よく知られている神仏習合の説に「本地垂迹説《ほんじすいじゃく》」があります。神道の神々はさまざまな仏が化身として日本の地に現れた権現であるとする考え方ですが、この説の登場は平安時代を待つことになります。

聖武天皇は、神道の神々は仏教の梵天、帝釈天、四天王などの天善神と同じであり仏法を守護する護法神であると考える「護法善神説」を地で行く人でした。「護法善神説」マニアと言ってもいいほどです。

聖武天皇は749年に娘の阿倍内親王（孝謙天皇）に譲位することとなりますが、譲位の間際に次のようなことを言っています。

《華厳経を根本として、一切の大乗・小乗の経・律・論（これを三蔵といい、仏陀の所説と戒律と教義の解釈）・抄・疏・章（注釈書の類）等を必ず転読し講説して、すべて完了させせよ。朕は遠く月日の尽きる限り、未来の窮まるまで、それを続けようと思う。今その故に、右の品々を敬んで諸寺に喜捨した。朕の乞い願うところは、太上天皇沙弥勝満（聖武太上天皇の法名。ただし譲位はこの年の七月二日で、この時点ではまだ天皇である）を諸仏が擁護し、仏法が薬のように全身にしみわたり、万病を削除して寿命が延び、すべての願いをみな満足させ、仏法を永く効果あらしめ多くの人民を助け、天下は太平に、万民は快く楽しく暮して、全宇宙の衆生と共に仏道に入らせたいということである》（前掲『続日本紀（中）全現代語訳』）

どういう状況か整理すると、訳者の宇治谷孟氏が注釈しているように、聖武天皇は譲位もしていないうちから、つまり天皇の身でありながら勝手に出家してしまっている、ということです。

これは前例がなく、当時の朝廷の常識としてありえないことでした。おそらくは野心のある仏教関係者が周囲に存在して、聖武天皇を手引きしたものでしょう。

『日本書紀』の景行《けいこう》天皇の条に、天皇の息子ヤマトタケルは「われは現人神《あらひとがみ》の皇子である」と言った、とある通り、当時の常識として、天皇は神でした。この上のない存在です。

聖武天皇がやったのは、まさに、ひとり神仏習合でした。天皇つまり神道の最高祭祀者であると同時に沙弥《しゃみ》勝満《しょうまん》という号を持つ出家僧です。

聖武天皇は「諸仏が擁護し、仏法が薬のように全身にしみわたり、万病を削除して寿命が延び」などと、護法善神に酔い、夢心地全開の勅を出して、とっとと娘に譲位します。東大寺大仏の建立は天皇時代に済ませていましたが、開眼法要《かいげんほうよう》を行い、唐僧・鑑真《がんじん》の来日を手厚く迎えるのはその後の話です。

そして、聖武天皇の譲位を受けた娘の孝謙天皇が、この父にしてこの娘あり、と言うよりもさらに、聖武天皇に輪をかけた仏教マニアでした。一般的には重祚してからの「称徳天皇」の名で呼ばれることの多い天皇です。

称徳天皇は重祚した765年、よりにもよって、最も重要な皇位継承儀式とされる大嘗《だいじょう》祭《さい》の日に、勅としてこんなことを言っています。

《今日は大嘗祭の直会（なおらい）の豊明節《とよあかりのちせ》（天皇が新穀を食し、群臣と共に行う宴）を行う日である。しかしこの度がいつもと違っているのは、朕が仏の弟子として菩薩戒（筆者注：ぼさつかい。菩薩としての自覚を持って受持する戒め）を受けているということである。このために上は三宝（仏）にお仕えし、次に天つ神の社・国つ神の社の神々を敬い申し上げ、次には仕えてくれる親王たち・臣たち・百官の人たち・および天下の人民たちなどすべての人々を哀れみ慈しみたいと思って、皇位に還り再び天下を治めるのである》（前掲『続日本紀（中）全現代語訳』）

称徳天皇は自らを菩薩だとしています。そして、この勅を見る限り、称徳天皇は、どちらかといえば、護法善神説ではなく護法善神説以前の、より過激な神身離脱説の立場に立っています。神道の神々もまた神の身を離れて仏教に帰依して救済されたいと願っていると考える、つまり神は仏に救われる存在である、という立場です。

称徳天皇は「天つ神」と「国つ神」つまり神道の神々よりも「三宝（仏）」つまり仏法僧を上に置いている、ということになります。当時は仏法と呼ばれていましたが、とにかく仏教が他の何より優れている、仏は天皇家の上にある、という世界観で動いていました。これは当時の国家秩序維持において、きわめて由々しき事態です。

称徳天皇が今も有名である理由のひとつに、側近の僧・道鏡《どうきょう》に対する寵愛が、平安時代から江戸時代にかけて説話集や川柳などを通してスキャンダラスに語り継がれてきた、ということがあります。

道鏡は、765年には東宮つまり皇太子と同等位にあたるともされている「法王」となり、769年には、「道鏡を天皇の位につければ天下は泰平になる」という宇佐神宮の神託が奏上されるほどの、良くも悪くも朝廷の中心人物となります。

道鏡については、女帝をたぶらかして天皇の座を狙うまでに至った大悪人、という言い方がよくされます。道鏡が本当に野望に満ちた稀代《きだい》の悪僧だったかどうかはともかく、道鏡が「法王」となったのは確かですし、「道鏡を天皇に」との神託が朝廷に届けられたのも確かです。

しかし、こうした事態を招くに至った根本原因は、国事一切の決済者である称徳天皇が公的にも明らかにしていた「仏教は他の何より優れている、仏は天皇家の上にある」という価値観にこそあります。

称徳天皇は、先帝の淳仁天皇を廃位して淡路島に流す際、自分は父の聖武から、《王を奴としようとも、奴を王としようとも、汝のしたいようにし、たとえ汝の後に、帝として位についている人でも、位についての後、汝に対して礼がなく、従わないで無作法であるような人を、帝のくらいにおいてはいけない》（前掲『続日本紀（中）全現代語訳』）と告げられた身だ、と言っています。

仏こそが大事とすべきことで大事のためなら天皇家ならびに皇位継承の伝統は破壊してもかまわないと考えていたのが聖武天皇と称徳天皇だった、ということになります。

聖武天皇・称徳天皇の時代の皇室危機については、皇室史学者・憲政史家の倉山満《くらやまみつる》氏が『嘘だらけの日本古代史』（扶桑社、2023年）の中で皇統危機の観点から卓見を述べておられます。同書は日本の古代史なるもの全般について客観的かつ常識的に見直したがゆえに目からウロコの落ちる一冊となっており、本項でも、その視点の多くを参考とさせていただきました。一読をおすすめしておきます。

なぜか「ありがとう」とシンクロする仏教の浸透

結局、道鏡が天皇となることはありませんでした。称徳天皇の崩御後に62歳で即位した第49代光仁天皇は、道鏡を都から追放し、仏教偏重の諸制度の改正に着手します。光仁天皇は、称徳天皇を含む聖武天皇の直系一族に関係する寺院への過剰な優遇策を改めました。天武天皇が創設した「大官大寺」の体制を復活させ、国家と仏教の関係の見直しを図りました。

また、称徳天皇崩御以降、女帝はできるかぎり立てない慣わしともなりました。次の女帝は称徳天皇からおよそ900年後、1629年に即位した第109代明正《めいしょう》天皇です。

皇位は光仁天皇から第50代桓武天皇へと継がれ、都が平安京に移されます。神道と仏教の関係は、いわゆる「本地垂迹説」、つまり神道の神々はさまざまな仏が化身として日本の地に現れた権現であるとする考え方へと向かうことになりますが、神と仏が完全に同体・同価値と位置づけられるのは12世紀、平安時代の末期です。

859年の延暦寺僧恵亮《えりょう》の上表文に「垂迹」という言葉が初めて使われ、10世紀前半に本地垂迹を象徴する「権現」、つまり仏が権《かり》に神として現ずるという神号が登場し、平安末期に伊勢神宮の本地は大日如来、白山権現の本地は十一面観音など、本地として具体的な仏があてられるようになった、という流れのようです。

平安時代は、現在の「ありがとう」の直系の祖先である「ありがたう」が登場する『源氏物語』の生まれた時代です。そして、この「ありがたう」の意義の変遷は、時期的なことを見る限り、仏教が日本に染み込んでいく変遷とシンクロしています。

一般的に、「本地垂迹説」が完成し、神仏習合のフル・スタイル、つまり神も仏も同体同等という日本独特の宗教スタイルができ上がったのは平安時代においてである、とされるようです。

とはいえ、平安時代とひとくちに言っても、それは794年から1185年の約400年間をさす時代です。一時期あるいは一特性をつかまえて、平安時代だからこうである、と言うわけにはいきません。

平安時代中期とはいってもすでに11世紀に入ってから成立したとされる『源氏物語』に

は、本地垂迹どころか、200年以上前の称徳天皇タイプの神身離脱説、あるいは、もっと昔の神仏別々の考え方が、平安貴族の間にいまだに保持されていたことを明らかにする証拠が残っています。

《斎宮でいらっしゃいました時のお罪が軽くなるように、功徳を積むことを必ずお忘れなさいますな。残念なことでございました。（若菜下）》（『潤一郎訳　源氏物語』谷崎潤一郎、中央公論社）

これは、病床に伏した紫の上に物の怪《け》として取り憑《つ》いた、光源氏の初期の愛人・六条御息所《ろくじょうのみやすどころ》のセリフです。光源氏に対して恨みごとを言う流れの中で出てきます。

御息所の娘であり、宮中に入っている秋好中宮《あきこのむちゅうぐう》は12歳からの10年間ほど、伊勢の斎宮を務めました。斎宮とは天皇に代わって、その一代の全期間、伊勢神宮に仕える皇室女性のことです。

当然のことながら、その期間は仏事から離れることになります。御息所は娘のそんな状況、つまり仏事から離れることを「罪」であり「残念」だったと言っているわけです。

『源氏物語』はフィクションですが、描かれている生活風景は当時のリアルです。御息所のようなこうしたメンタリティが、当時の日本人の代表的な世界観を示している可能性があります。

『源氏物語』は、現在タイプの「ありがとう」の直系の祖先である「ありがたう」がいよいよ登場し、かつ一般化していく世界です。

さらには『源氏物語』は、後に詳しく触れることになりますが、宮中の姫君に「世の中はこういうものである」ということを教えるために書かれた教育用の物語です。つまり、『源氏物語』を読むと、当時の人々が「世の中」というものをどのようにとらえていたのかがわかる仕掛けになっています。

「ありがとう」と言う時にまず私たちが相手にしている「世の中」は、果たして『源氏物語』の時代の「世の中」と同じなのでしょうか、それとも違うのでしょうか。

平安京に暮らす人々はどんな「世の中」を想定して暮らしていたのでしょう。

次章では、それを見ていくことで「ありがとう」が生成されていく背景を探っていきます。

第3章

決して謝らない平安貴族と「ありがとう」の関係

～『源氏物語』から

六条御息所が徹底的に悪い、その理由

『源氏物語』がどうして、現在タイプの「ありがとう」の直系の祖先である「ありがたい(ありがたし)」を多用するに至ったか、それを明らかにするためにまず、『源氏物語』の登場人物は決して「謝らない、謝罪しない」という事実を見ていきます。

「謝らない、謝罪しない」ということは、何事があっても常に「自分は悪くない、自分に罪はない」と考えている、ということです。

結論から先に言うと、『源氏物語』の登場人物が決して謝らないということには、「ありえない、存在しえない」が本義の「ありがとう」を感謝の言葉として使うということと同じメンタリティがあります。簡単に言えば、日本人が相対し、相手にしているのは個々の人々や物事ではなくて常に「世の中」というものである、ということです。

「世の中」はあらかじめそのようにできているものだから何があっても私は悪くないと平安貴族は考えている、だから平安貴族は謝らない、ということになります。

『源氏物語』の主人公のひとり《光源氏》はスーパーマン的キャラクターですから、極端に謝りません。たとえば、前章で触れた「若菜下」の帖で物の怪となって現れた《六条御息所》に対して、《光源氏》は次のような態度をとります。以降の『源氏物語』の引用は、青表紙本原文のほぼ逐語訳である『潤一郎訳　源氏物語』（谷崎潤一郎、中央公論社）によります。

まず、物の怪となった《六条御息所》は、《光源氏》に対して恨みを持っています。どんな恨みかというと、次の通りです。

《中でも、存生中に人より軽くお見下げなされて、捨ておしまいになりましたことよりも、思う方とのお物語の折などに、私のことを憎らしい嫌な人間であったように、仰せ出されました恨めしさ、今はこの世にいない者だからと御勘弁なすって、他人が悪口を言うような時でも、それを打ち消し、庇うようになすってこそと、思いましたばかりにかような忌まわしい身になりまして、こんな祟《たた》りを働くのでございます》

《こんな祟り》とは、物の怪となってとりついて《光源氏》最愛の人とされている《紫の上》を殺そうとしていることを指します。

「物の怪」は、死後存命中を問わず恨みを抱えている人間からは霊が離れて実体化して災いをなす、という日本古来の信仰からきているもので、平安期には、その霊を鎮めて神として祀ればかえって鎮護《ちんご》の神である「御霊《ごりょう》」となって世に平穏を与えるという「御霊信仰」も起こっていました。《六条御息所》の「物の怪」は、後、仏教儀式のひとつである護摩《ごま》焚《た》きで消滅しますから、ここにも神仏習合の一部が垣間見えます。

《光源氏》が折りにつけ《六条御息所》を、女性と2人でいる場、特に《紫の上》と2人でいる場で欠席裁判していたのは事実です。

なのに、お愛想《あいそ》程度の謝罪のひとことも、わずかの反省もなく、《六条御息所》の「物の怪」に対してとった、この時点で46、7歳、大の大人というよりもすでに老成の域にあるはずの《光源氏》の態度は次の通りです。

《現世の人間でいらしった時でさえ不気味な所のあったおん方の、まして今では別な世界に生を受け、怪しい変化の姿をしておいでになるのを思いやり給うと、ひどく疎《うと》ましくなりますので》

ちなみにこれは『光源氏』のセリフではありません。『源氏物語』は、《何という帝の御代のことでしたか》はっきりしませんけれどもそれはさておき、という出だしで始まる、とある年老いた女房が昔の世の出来事を話し続けていくという設定の物語で、これは、そのとある年老いた女房による《光源氏》の心情解説です。

《光源氏》は、《六条御息所》を愛人としていたにもかかわらず、前々から不気味なところがあって物の怪となったからにはさらに疎ましいと感じていた、ということになります。

そして、次のように考えます。

《中宮のお世話をなさるのまでが今はもの憂く、詮じつめれば女というものは皆罪障の基になるものなのだと、なべての世の中が厭わしくおなりになる》

《中宮》とは《秋好中宮》のことで、《光源氏》が後見して《冷泉帝《れいぜいてい》》の後宮に女御として入内《にゅうだい》させた、《六条御息所》の娘です。

《光源氏》はこの頃すでに「六条院」という四町（一町は120メートル四方）の敷地からなる大邸宅に暮らしていました。しかし六条院の一部は、もとはといえば、《秋好中宮》を後見したことで手に入れた、かつては《六条御息所》が所有していた敷地です。

なんたる恩知らずか、ということでもあるのですが、《光源氏》が《六条御息所》を非難するのは、実はこれもまた当然のことです。

《六条御息所》は物の怪になりました。護摩焚きによる駆逐対象となる物の怪になった以上、《六条御息所》は問答無用で徹底的に悪いのです。

なぜかというと、「仏教世界の障りとなる存在となったから」徹底的に悪いのです。『源氏物語』がつくられた時代の平安貴族の心理のよりどころは仏教でした。前章で触れた《六条御息所》の《斎宮でいらっしゃいました時のお罪が軽くなるように、功徳を積むことを必ずお忘れなさいますな》というセリフからも明らかです。それも、「仏教本位制」とでも呼んだ方がいいほどのよりどころぶり、依存ぶりです。

仏教世界に抗《あらが》う存在となった以上、《六条御息所》は問答無用かつ徹底的に悪い、ということになるのです。

皇位継承に関する紫式部の過激な仕掛け

《光源氏》は臣籍降下して「源」姓になった、天皇直系の元皇族男子です。いわば「この上のない」存在です。だからなおさらのこと「謝らない」人物と言えます。そこで次は天皇家の系統ではない、《柏木《かしわぎ》》という人物の「謝らなさ」加減を見ていきましょう。

簡単に言えば、《柏木》の「謝らなさ」は、仏教本位制たる当時の平安貴族の生活心理の根幹のほぼすべてを示しています。

《柏木》は、《光源氏》が「元服とともに」（12歳頃に）結婚した正妻《葵上《あおいのうえ》》の兄または弟である、初期の官職呼称《頭中将《とうのちゅうじょう》》でよく知られる朝廷官僚の長男です。《頭中将》は官職を変えながら、《光源氏》の遊び友達、親友、ライバルとして長く物語に登場し続けます。

《頭中将》が《葵上》の兄なのか弟なのかは明らかにされていません。《頭中将》は最終的に太政大臣、今で言えば総理大臣にまで出世する人物で、天皇家を補佐することでこそ家の栄えのあることを信条とする藤原氏系の一族です。

ほとんど事件の起こらない《源氏物語》の中で、最も事件らしい事件を起こすのが《柏木》です。「若菜上」の帖の終盤あたりで登場し、「若菜下」の帖を経て、「柏木」という名の帖が次に続きます。

簡単に言えば、《柏木》は、《光源氏》の妻《女三宮《おんなさんのみや》》を寝取って子を生ませました。《女三宮》は《朱雀帝》の第三皇女で、出家を予定する帝から頼まれた《光源氏》が娶《めと》るかたちで面倒を見ていたのです。

この《柏木》と《女三宮》との不義の子供が後、宇治十帖《うじじゅうじょう》と呼ばれる「橋姫」から最終帖「夢浮橋《ゆめのうきはし》」までの10帖の主人公となる《薫源氏（薫の君）》です。

《柏木》の不義事件は、いわゆる「もののまぎれ論」（男女関係あるいは皇統の乱れが『源氏物語』の本テーマだとする江戸時代発生の説）の要素のひとつとして数えられていますが、実はここにはひとつ、一般的にはほとんど指摘されない過激な仕掛けがありますのでお話ししておきましょう。《源氏物語》を紫式部の作とするなら、紫式部は、神武天皇以来の皇室の伝統と掟に詳しい中でストーリー実験を試みた、かなりのしたたか者です。

過激な仕掛けとは、次のようなことです。

《光源氏》は《桐壺帝》の実子ですから、《光源氏》も、その息子の《夕霧《ゆうぎり》》も、父方に天皇の血を引く万世一系の男系男子です。《光源氏》と《夕霧》は、現代の言い方をするなら「旧皇族」です。旧皇族とは、慣例として、皇族を離れた人たちとその男系子孫のことを指します。

不義の子と言えば、《冷泉帝《れいぜいてい》》がいました。《光源氏》とその義理の母《藤壺《ふじつぼ》》との間に生まれた子が後に《冷泉帝》となりますが、《冷泉帝》は名目上《桐壺帝》の皇子であり、かつ、実父である《光源氏》は《桐壺帝》の実子ですから、《冷泉帝》もまた、なりゆきに少々の問題はあるにせよ、父方に天皇の血を引く万世一系の男系男子であることには間違いありません。

ところが、《薫源氏》の場合、名目上は《光源氏》の息子ですから男系男子ですが、事実上は《女三宮》という皇女と《柏木》という藤原氏との間に生まれた子になりますので女系男子です。

《薫源氏》はその出自において、旧皇族と皇族外の一般人、どちらの選択もできる立場にいるきわめて稀有な人物である、ということになります。

もちろん《光源氏》は皇籍を離れていますから、《光源氏》自身にもその一族にも皇位継承権はありません。しかし、《源氏物語》が成立する以前にすでに、臣籍降下していた旧皇族が皇籍に復帰し、親王宣下《せんげ》を受けて天皇に即位した前例があります。８８７年に即位した第59代宇多《うだ》天皇は、旧皇族時代の名を源定省《みなもとのさだみ》と言いました。

現存する《源氏物語》54帖に、こうした状況が物語に影響してくる伏線の感じられる部分はありません。しかし、とにもかくにも《光源氏》の死後、作者が『源氏物語』の主人公に選んだのは《薫源氏》でした。

《薫源氏》は、時の天皇の第三皇子《匂宮《におうのみや》》を親友とします。２人の呼び名に示唆されているように、《薫源氏》と《匂宮》はともに体臭によい香りを持つ、ドッペルゲンガー風の特殊なバディ・キャラクターです。ちなみに、《匂宮》は、《光源氏》と《明石の上》との間の娘である《明石の中宮》と《今上天皇》との間にできた皇子ですから、《光源氏》の孫にあたります。

なお、《今上天皇》というのは当代の天皇という意味で、その名は明かされていません。進行中の物語においてはご存命で、名でお呼びするのは不敬にあたるからです。登場する各天皇の人格評価については情け容赦なく描く『源氏物語』ですが、天皇という存在はこの上もない、というルールは常識として遵守しているのです。

とにかく、《光源氏》なき後に選ばれた主人公は場合によって旧皇族とも皇族外の一般人ともなる《薫源氏》でした。

最終帖「夢浮橋」の後に作者が用意していた物語がもしもあるならば、壮年およびそれ以降の《薫源氏》が描かれるにおいて、「表向きは皇位継承も可能だが、実質上は絶対に皇位継承できない血筋」が重要なテーマあるいは伏線になっていたことはまず間違いないでしょう。

安全保障装置だった「宿世」の思想

《柏木》の、《光源氏》の妻寝取り事件当時の状況をまず整理しておきます。

《光源氏》は46、7歳です。准太上天皇《じゅんだいじょう》の地位にあり、朝廷の全人事権を掌握する、皇室外戚の最高権力者となっていました。

『光源氏』は、480メートル×480メートルほどの広大な敷地に「六条院」と呼ばれる大邸宅を建て、関係した女性たちのほぼすべてを住まわせていました。

「六条院」の女王は、連れ添ってすでに25年ほどになる『光源氏』最愛の女性『紫の上』です。若菜下の帖の時点で本厄の37歳を迎えていました。

「六条院」にはまた、《光源氏》が腹違いの兄《朱雀帝《すざくてい》》から後見を頼まれた第三皇女の《女三宮》が嫁いできています。「六条院」の女王は実質的には《紫の上》ですが、身分の上では、何しろ内親王ですから《女三宮》が《紫の上》のはるか上に位置します。《紫の上》の寿命を縮めた心痛のひとつです。

こうした状況を背景にして《柏木》が起こした事件を整理すると次の通りになります。《柏木》の年齢はどこにもありませんが、親友づきあいをしている《夕霧》の少し下の設定ですから24~25歳というところでしょう。

①《女三宮》(事件時は20歳そこそこです)の居室から子猫の唐猫が逃げた拍子に誤って御簾《みす》が上がり、蹴鞠《けまり》のために六条院を訪れていた《柏木》が、《女三宮》の姿を垣間見てしまって恋を患《わずら》います。

②《光源氏》には最愛の《紫の上》がいるために、《女三宮》は《光源氏》から大事にされておらずに辛い思いをしている、という理屈をもって《柏木》は心理的アリバイを自らの心に醸成します。

③《柏木》は《女三宮》の女房のひとりである小侍従に、《女三宮》の寝室に手引きをするよう伝えますが叶いません。

④《柏木》は一計を案じて唐猫を手に入れ、残り香を頼りに《女三宮》の身替りとしてその猫を可愛がり、さらに思いをつのらせます。

⑤《紫の上》が重体となり、六条院から二条邸に移され、《光源氏》はその様子見のため留守がちになります。この時点で《柏木》は、《女三宮》の姉である《二宮（落葉宮《おちばのみや》）》を娶っています。

⑥しつこい《柏木》に小侍従はついに折れ、《女三宮》の寝室に手引きしてしまいます。《柏木》は《女三宮》の寝室で猫の夢を見ます。猫の夢は、懐妊の象徴という説と不吉の象徴という説とがあります。

⑦《女三宮》が妊娠します。《柏木》は盛んに文を送りますが、《女三宮》は会おうとはしません。

⑧《光源氏》が《柏木》の文を見つけてしまい、ことを知ります。
⑨《柏木》は笛の名手でした。《光源氏》は、《朱雀帝》の五十の賀の楽奏の用意にかこつけて《柏木》を六条院に呼び、無理やり酒を飲ませるなどします。
⑩《光源氏》に無理やり飲まされた晩から《柏木》は危篤状態となります。
⑪《女三宮》は男子（後の《薫源氏》）を出産します。その直後に《女三宮》は、出家していた父の《朱雀院》に頼み込んで出家します。
⑫《柏木》が死にます。

だいたい2年ほどの間に起きた出来事です。

《女三宮》が出産した男子が《光源氏》の胤《たね》ではないことを知っているのは、《女三宮》本人と《光源氏》と《柏木》の乳母の三人だけでした。この乳母の娘が老いて尼となってから《薫源氏》に出生の秘密を告げる役目をします。

さて、事件のなりゆきを見ればわかる通り、《柏木》の事件は、《柏木》が我慢しさえすれば何も起こらなかったわけです。けれども、《柏木》は我慢しませんでした。

我慢をしなかった理由あるいは原因について、《柏木》は、《女三宮》に向かってこう言っています。

《やはりこうして逃れられない深いおん宿世《すくせ》があったのだとお諦めなさいませ。自分ながらも正気ではなかったような気がいたします》

「自分は悪くない。宿世、つまり前世からの因縁であり、決まっていたことなのだ」と《柏木》は言うのです。「つらいことばかりになるならば悲劇に、よいようになれば幸福になるだけであって、反省すべき点は何もない」、つまり西洋近代的に言えば「運命」だというわけですが、実はここには大きなからくりがあります。

ことに及ぶ前、《柏木》は《女三宮》にこんなことを言います。身体をひき寄せるための口説き文句です。

《（中略）年月が立つほど、口惜しくも、辛くも、恐ろしくも、悲しくも、さまざまに深く思いがまさりますのに怺（こら）えかねまして、こう、身のほどを知らないところをお目にかけましたものの、思慮の足りない、申しわけのないことだとは存じておりますので、

もうこれ以上罪な心はさらさらないのでございます》

《柏木》は、「自分が悪い。それはもう知っているから、これ以上、悪いことはしない。何もしないから身をまかせてくれ」と言っているのです。

こういう口説き方は当時のステレオタイプでした。「これこれこういうわけだから何もするわけないじゃないか」と言って抱き寄せるのが定石というわけですが、《柏木》は少しばかりユニークで、口説き文句の中に「申しわけのない」という意味を込めています。

ここが絶対的スーパーマンの『光源氏』との違いです。『光源氏』なら、《私は誰からも許されているのですから、人をお呼びになりましても、何にもなりません。どうぞお静かに》（花宴《はなのえん》）と言うところです。

《柏木》は、「こういうときには申しわけないと考えるものであり、自分には他にしようがあったと考えるものである」ということを、ちゃんと知っていました。しかし、結論は、《逃れられない深いおん宿世があったのだとお諦めなさいませ》でした。

これはまったく「宿世」つまり前世の因縁という仏教思想の利用であり、仏教本位制という制度の活用です。どこか悲劇的なイメージのある《柏木》ですが、その実、《柏木》

は、まったく上手くやっているのです。

何のために仏教本位制を活用・利用するのでしょうか。安定のためにです。「宿世」という共通了解で、以降に何が起ころうが、すべては宿世ということで了解され、争いごとにはならずに静まっていくのです。もちろん、積極的に世を欺く、といった態度で利用しているわけではありません。宿世をすべての理由として済ませるのは、平安貴族の「生活の知恵」といった方がよほど正しいでしょう。

口説き文句の中では謝ってもいいが、核心のところでは決して謝らず、宿世ということにします。言ってしまえば人のすべての行為は、宿世という言葉であらかじめ許されてしまっているのです。

《源氏物語》の、特に《柏木》にまつわる話に現れる「宿世」は、現世に生きる人間の安全保障のための考え方として使われていることは間違いありません。

とはいえ、《柏木》は確かに、この事件を機にして死にます。《女三宮》に会えないことが辛かったのか、《光源氏》に対する恐れが死に繋がったのか、何が死因なのかは明らかにされていません。

《光源氏》から酒を無理やり飲まされた晩から危篤状態になったということを考えれば、

誰が考えても、《光源氏》が毒を盛ったに決まっている、ということになるでしょうが、そんなことも、ひとことも触れられていません。

すべては「宿世」がそうさせている、と当時の人々、少なくとも《源氏物語》の登場人物たちは考えています。各論では、《女三宮》の苦悩と恐怖があり、《柏木》の欲望と絶望があり、《光源氏》の忿怒《ふんぬ》と凶暴があるように見えますが、そう見るのは、現代人の勝手というものです。

すべては「宿世」でかたづけられ、《源氏物語》の各帖の締めの言葉としてよく現れる「しかたのないことです」という意味あるいはニュアンスのフレーズに押し込められ、《源氏物語》は、ひたすら淡々と進んでいきます。

「宿世」の思想あるいは「仏教本位制」が安全保障装置として働いているのは、個々人の生活においてももちろんだけれども、おおむね「世の中」の安定のために働いている、ということになります。

これは、当時、仏教から派生するさまざまな思想がその場その場で都合のいいように、つまみ食いされて使われていたことを意味しています。そしてこうしたことこそ、日常生活への仏教の浸透、ということに他なりません。

仏教マニアの聖武天皇、称徳天皇の時代には、天皇が勅のかたちで直々に「太上天皇沙弥勝満を諸仏が擁護し、仏法が薬のように全身にしみわたり」とか、「この度がいつもと違っているのは、朕が仏の弟子として菩薩戒を受けているということである」などと言い出さなければならないくらい、仏教は特別なものでした。期待も大きく、世の中の災いをすべて排除してくれる、ウルトラマンのようなものだったわけです。

《源氏物語》を見る限り、それから200年ほどの間に、仏教は日常生活の中で都合よく上手く使えるものになっていった、ということになります。何が起こっても、それは宿世であってしかたのないことである、ということになり、世間づきあいも社会構造も乱れることはありません。そういう使い方ができるのが当時の平安貴族にとっての仏教というものでした。平安貴族のいわゆる「プラットホーム」です。

《源氏物語》の登場人物たちは、「自分は悪くない。良くないことが起こっているとすれば、それは宿世によるものだ」と考えています。そこで、人を不機嫌にさせた時、あるいは傷つけてしまったような時、彼らがもっぱら行うことは謝罪ではなく、「いいわけ」でした。

《源氏物語》が、400字詰め原稿用紙で約2400枚、一般的な文庫本にして8冊強とべらぼうに長いのは、「ごめんなさい」とひとこと謝ってしまえばすむところをだらだらと「いいわけ」し、かつ、《源氏物語》がこの「いいわけ」だらけでできあがっているからです。

いいわけだらけの『源氏物語』

『源氏物語』に出てくる「いいわけ」がどのようなものか、その典型的な例として、《光源氏》の息子《夕霧》のいいわけがあります。

帖は「夕霧」です。《夕霧》が初めて浮気をした時のことです。《夕霧》は、年は28歳頃、官職は権大納言、今で言えば閣僚クラスに出世していました。

紫式部の同時代人である藤原道長《ふじわらのみちなが》はその年齢の頃には右大臣、今で言えば副総理になっていましたから、その現実と比較すれば、《光源氏》の息子だからといって《夕霧》が破格の扱いを受けていたというわけではありません。

《夕霧》の浮気相手は、なんと、女三宮不義密通事件実行犯《柏木》の未亡人《二宮（落葉宮）》です。臨終間際の《柏木》に妻の後見を頼むと言われたことにかこつけて、3年越しの手間をかけて《二宮》の寝室に強引に入り込みました。

《夕霧》は、《私をみじめな態（さま）におさせになさって、巧く欺（だま）して帰してやったおつもりで、これからいよいよ餘所々々（よそよそ）しくなさいますのなら、その時こそ辛抱もなりかねまして、我にもあらぬけしからぬ料簡（りょうけん）も起こしかねないような気がいたします》と、脅迫までしています。

浮気がばれた《夕霧》は、妻の《雲居雁《くもいのかり》》に対してこんないいわけをします。

《私のような男がまたとあるでしょうか。相当の地位に昇った者が、こうして脇目もふらないで一人の人を守っていて、臆病な雄の鷹のようにしているのを、世間の人はどんなに笑っているでしょう。このような偏屈な男に守られておいでになるのは、あなたのおためにも自慢にはなりますまい。あまたの美しい方々が揃っている中で、やはり一段と立ち勝って、違ったお扱いを受けるところが見えてこそ、人も奥床しく思いましょうし、御自分としてもいつも若々しい心持で、絶えず世の面白さや哀れさを感じることができるのです。

私などはたった一人を後生大事に守ったという某の翁のような愚かな人間なのですから、まことに口惜しい次第です。これではあなたも張り合いはありませんな》

このくどくどしさはいったいどうしたことでしょうか。ああだこうだ、とはまさにこのことで、「ああすればということにこうすればと言う人もいて、こうした時にはああなることもあり、こうなればと思うかもしれないけれども、ああなることもまたしかたのないことではあると同時にいいことであるかもしれないでしょう?」といった調子でひたすらにやり過ごしているわけですが、実は《夕霧》には、やり過ごしてごまかしてしまおうなどというつもりは少しもありません。

《源氏物語》の登場人物たちはおしなべてこうした話し方でいいわけをします。《夕霧》が特別なわけではありません。

そして、こうした話し方のありようが『源氏物語』の魅力のひとつでもあり、また、後で触れますが、『源氏物語』がつくられた理由を明かしてもいます。

くどくどしい《夕霧》に対して、妻《雲居雁》はこう切り返します。

《何か張り合いのあることをお拵《こしら》えにならねばならないほど、古臭くなった私なのでございましょうね。そんなにあなたが当世風にお変わりなされた御景色の凄まじさに、初めてお目にかかりますので、たまらない気がいたします》

『源氏物語』においては、女性たちの方が強くて偉い印象があります。女性たちの話すことの方が筋が通っていて、実際、たいがいのことは女性たちの采配で落ち着きます。

この一件でも、《夕霧》が浮気をやめる、やめさせられる、というようなことは起こりません。夕霧は放っておかれて、反省などはみじんもせず、あいも変わらず淡々と出世していきます。

《夕霧》の浮気事件は、夕霧の帖の締めの言葉通り、《宮とのおん間柄のこと、北の方とのおんいさかいのことは、どう収まりがつきますのか、ほんに面倒なことですとやら》というだけの事件です。

さて、『源氏物語』がいいわけだらけなのはなぜでしょうか。もちろん、それぞれにやましいところがあるからだろうと考えてしまうところなのですが、反省して謝罪し、身を改めて頑張って生きていこう、問題を解決していこうという人物は、『源氏物語』にはひとりも登場しません。何かあれば、仏教本位制に則《のっと》って出家します。

『源氏物語』がいいわけだらけなのはなぜか、といえば、その答えはかなり単純です。

そもそも『源氏物語』は、「物語」ではあるけれども「小説」ではありません。だから、いいわけだらけなのです。

『源氏物語』が「小説」ではない理由

『源氏物語』は世界最初の「小説」である、と一般的には言われています。少なくとも、現存最古の長編小説、現存最古の長編恋愛小説、という言われ方をします。

よくひきあいに出されるのが、イタリアの詩人にして政治家のダンテ（1265〜1321）が書いた韻文の長編叙事詩『神曲』です。14世紀初頭に書かれた作品で、『源氏物語』は『神曲』に300年ほど先駆けて書かれた、日本の文化は凄い、という言われ方がよくされます。

田山花袋
(Public domain)

「『源氏物語』は世界最初の小説だ」と最初に言ったのは、明治から大正期の作家・田山《たやま》花袋《かたい》（1872〜1930）です。ジャーナリストでもあり、温泉めぐりライターとしても知られていますが、最も有名なのは『蒲《ふ》団《とん》』というタイトルの小説です。

『蒲団』は、とある小説家が、追い出した弟子の女学生が毎晩使っていた蒲団に顔を埋めて泣く、という作品です。人間を美しく書かない、多分に露悪趣味でもあるこうした執筆態度は自然主義と呼ばれました。田山花袋は、日本自然主義文学の代表とされている作家です。

田山花袋は、1925（大正14）年に出した『長編小説の研究』（新詩壇社）という論文集の中で、次のように述べています。

《何と言っても、源氏物語は、世界での小説と言われ得べきものの一番最初のものであるのである》

これが、「『源氏物語』は世界最初の小説」の初出です。《あるのである》は転記間違いではありません。軽いものもばんばん書く田山花袋ならではの、どこか自慢げなニュアンス、といったところでしょう。

田山花袋は『源氏物語』をとても褒めていますが、その割にはどうも……、というところがあるので、ちょっと紹介しておきます。同論文の中に次の文章があります。

《実によくはつきりと描いてゐる。人物も自然もすべて生きて動いてゐる。千年以上のものとは何うしても思へない。たとへば「夕顔」の中の夕顔と軒端の荻と対局して双六《すごろく》か何かをやつてゐるのを光源氏がそつと覗くあたりの描写《びょうしゃ》（後略）》

右記の文章の中に出てくる「夕顔」ふたつは両方とも「空蝉《うつせみ》」の間違いです。対局しているのは「双六」ではなくて「囲碁」です。『源氏物語』には、はっきりとそう書いてあります。

このとき軒端《のきば》の荻《おぎ》は《紅の袴の腰紐を結んだあたりまで胸をはだけて、自堕落な恰好をしているという多分にエロティックなシーンなので、自然主義者の田山花袋たるものが認識し損じるはずはないのですが、『源氏物語』の初盤も初盤、3帖目の「空蝉」あたりでこれほど極端な誤認識をしているということは、おそらく田山花袋は『源氏物語』をろくに読んではいないのでしょう。

とはいえ、とにかく「『源氏物語』は世界最初の小説」と言い出したのは田山花袋です。

問題は、この「小説」という言葉の意味です。小説は小さな説と書くわけですが、ならば大きな説で「大説」というのがあるかというと、かつては天下国家について話すことを「大説」、取るに足らない無駄話のことを「小説」と呼んだ、とされています。

そして、この「小説」の意味をがらりと変えた人が坪内逍遥《つぼうちしょうよう》（1859〜1935）でした。

坪内逍遥
(Public domain)

坪内逍遥は、江戸時代生まれで昭和のはじめまで生き、小説も書き、劇作家もやり、シェイクスピア作品も翻訳している文学者で、『小説神髄』（松月堂、１８８５～１８８６年）という小説論書でよく知られています。

坪内逍遥は、「小説」という言葉を、ロマンス（romance）あるいはノベル（novel）という英語の日本語訳として考えました。『小説神髄』の緒言つまり前書きの出だしに、《盛んなるかな我國に物語類の行はるゝや遠くしては源氏狭衣《さごろも》浜松住吉《すみよし》あり》と書かれています。『源氏物語』は先頭に出てきます。『小説神髄』は、「小説は《皆それ眼を娯ましめ心を悦ばしむるに外ならざる》美術のひとつで、太古からある文芸だが、その小説が文芸美術の最高のものとなる可能性を実現するためには何をどう書いたらいいのか」ということを解説した書です。

坪内逍遥は、その解答として、人間の感情と社会の実際をありのままに書く「写実主義」を主張しました。

「小説」という言葉は、江戸時代後期の読本作者・滝沢馬琴《たきざわばきん》（1767〜1848）が使っていました。もちろん滝沢馬琴は写実主義作家などではなく坪内逍遥が批判した万事が勧善懲悪《かんぜんちょうあく》風の作家ですが、坪内逍遥とほぼ同じ意味、つまり美術芸術のひとつであるという意味ですでに使っていたのです。

そして、何をいまさらと思われるかもしれませんが、滝沢馬琴にしても坪内逍遥にしても、「小説」は「読む」ものであることを前提としています。

田山花袋にしても坪内逍遥にしても滝沢馬琴にしても、問答無用の常識として「小説」は「読む」ものです。

しかし、『源氏物語』は「読む」ものではありませんでした。

だから、『源氏物語』は小説ではないのです。したがって、『源氏物語』は世界最古の小説というわけでもありません。

宮中女房の読み上げ台本だった『源氏物語』

『源氏物語』は、そもそも「読む」ものとしてつくられたものではありません。『源氏物語』に限りませんが、平安時代の物語は、宮中の姫様に、その姫様に仕えている女房が読み聞かせるためにつくられたものです。文字で書かれて本になっているのは、女房用の読み上げ台本でした。

おそらくは20世紀最強の『源氏物語』解説・研究書である『源氏物語評釈』(本編12巻・別冊2巻、角川書店、1964〜1969年)の著者である玉上琢彌《たまがみたくや》博士は、「平安時代の物語は宮中女房用の読み上げ台本」説の先駆として知られています。

玉上博士は、谷崎潤一郎の『源氏物語』現代語訳の監修者としても著名です。いわゆる谷崎源氏が「ですます」調なのは博士のこの説によるものだとも言われています。

玉上博士は、1950年に論文『物語音読論序説－源氏物語の本性(その一)－』(『国語国文』第十九巻第三号）を発表し、博士自身、《珍奇なるべきこの仮説》としていた物語音読論は博士の予想に反して諸学者の賛同を得ることとなります。

序説から5年後に発表された論文『源氏物語の読者－物語音読論－』（『女子大文学』第七号）の中で玉上博士は論の核心について次のように述べています。

《『源氏物語』以前の物語、（『源氏物語』に出てくる昔物語という語を使うとすると）昔物語は男、文学の管理者、漢学者、の手によって作られたものと思う。そして別冊の冊子絵が整えられて、真の享受者、上流の姫君に進められる。姫君は絵を見ながら、女房に詞書（ことばがき、すなわち本文）を読ませて聞く。本文を作ったのは男だが、それを読みあげて、はじめて物語となるのであり、読みあげるときは本文をそのままに読むのではなく、適宜敷衍《ふえん》したり表現を変えたりする自由が、読み手たる女房たちに与えられていた、と、わたくしは考えている》（『源氏物語の読者－物語音読論－』）

《姫君は絵を見ながら、女房に詞書（ことばがき、すなわち本文）を読ませて聞く》のが平安時代の物語のそもそもの消費スタイルである、ということです。

そして、この消費スタイルは、『源氏物語』の「蛍」の帖にしっかりと描かれて残されています。

《殿（光源氏）はこちらにもあちらにも絵物語が取り散らかっていますのが、おん眼につきますので》

《こういう昔物語でも見るのでなければ、全くほかに紛らわしようのないつれづれを、慰める術もありますまいね》

《近頃幼い姫君が女房などにときどき読ますのを聞いていますと、ずいぶん世の中には話し上手がいるものですね》

《姫君のお前で、このような男女のことを書いた物語などをお読み聞かせになってはいけません》

また、平安時代の末期に成立したとされている『国宝源氏物語絵巻』の「東屋」の巻には、女房が文字だけの台本を膝下に広げて姫様に物語を読みきかせている様子がちゃんと描かれています。

『国宝源氏物語絵巻　東屋（一）』部分
（徳川美術館蔵）

絵巻に描かれている姫様は、《薫源氏》、《匂宮》との三角関係に悩む《浮舟《うきふね》》です。寝転んで、冊子絵を眺めています。

姫様という立場の女性たちは寝転んでいるのが常態でした。十二単《じゅうにひとえ》は非常に重く、姫様はほとんどの時間を寝転がって過ごしました。だから疲れず、だから夜更かしで、毎日夜明けまで起きていたのだ、枕草子の「春はあけぼの」にはそういう背景があるのだ、という説もあります。

『源氏物語』においても、その消費スタイルは同様です。《読み上げるときは本文をそのままに読むのではなく、適宜敷衍したり表現を変えたりする自由が、読み手たる女房たちに与えられていた》という状況も変わりません。

玉上博士はこうした読み上げ台本のありようについて、次のように述べています。

《物語の出で来はじめの親と『源氏物語』に記された『竹取物語』のごときは、もと、文字を使い得る者すなわち漢学者が漢字で書き、女房たちに与えたものであったろう、と考える。女房は、この、骨組みだけを、よみ方は指定せず筋書きだけを、漢文としての漢字ではなく、いわば「符帳」としての漢字で、すなわちわたくしのいう真名文の一種で、記したテキスト（詞書）をもとに、適宜その場合場合に応じて、女の詞で語ったのであった》（前掲論文『物語音読論序説－源氏物語の本性（その一）－』）

《わたくしのいう真名文》には、少々補足が必要です。玉上博士は同論文の中で、次のように説明しています。

《平安時代における文章を、支那人の書いた「船載《はくさい》漢詩文」、支那人にも読ますことができるつもりだった「本朝漢詩文」、支那人にはわからず、日本人にもよみ方はわからぬが文意はだいたい見当のつく「真名文」、以上は漢字のみで男のもの、それに女のものとされる「仮名文」、この四種類に分かって考えたい》（前掲論文『物語音読論序説－源氏物語の本性（その一）－』）

女房用の読み上げ台本はそもそも漢字による「真名文」で書かれた骨組みだけだった、ということになります。

しかし、『源氏物語』はそれとはずいぶん違います。

まず、仮名文で書かれています。何より、その文芸的意義の高さは、『源氏物語』が成立して以降1000年、ほぼ全世紀にわたって出され続けている評釈本、解説本の夥《おびただ》しい数からも明らかです。

『源氏物語』の評釈本、解説本は、わかっているだけで、まず平安末期に藤原伊行《ふじわらのこれゆき》という書家が書いた『源氏釈』が出されて以降、13世紀に7冊、14世紀に4冊、15世紀になると20冊、16世紀に16冊、17世紀に14冊、18世紀に12冊、19世紀に16冊、書かれています。13世紀からの7世紀700年間においてさえ、10年に1冊のペースで源氏物語の評釈本あるいは解説本が出され続けていたわけです。

活版印刷・オフセット印刷といった印刷技術の開発を背景に大規模事業化した20世紀以

降の出版環境における『源氏物語』関連の書籍についていえば、2023年時点で、国立国会図書館に所蔵されている『源氏物語』を書名に含む本は3万2526冊あります。これはまた、日本人がいかに『源氏物語』にとらわれ続けているかの証拠でもあります。『源氏物語』が仮名文で書かれていること、文芸的に意義の高いことについて玉上博士は次のように述べています。

《読み手を勤める女房が『源氏物語』以後は本文を作った。ここに大きな相違が生じたのである。近世の演劇脚本にたとえて言えば、昔物語は根本（筆者注：ねほん。上演の土台となる本）ぐらいのところであり、『源氏物語』は上演用台本なのである。演者の自由にまかされていたものをさえ、はっきり本文に書きあらわすに至ったのである》（前掲論文『源氏物語の読者―物語音読論―』）

『更級日記《さらしなにっき》』という、平安中期に成立したとされる、菅原孝標女《すがわらのたかすえのむすめ》という女性が書いた日記があります。回想日記で、1020年頃といいますから『源氏物語』が成立した直後の頃の記事から始まって、約40年間の暮らしぶりが記されています。

この『更級日記』に、「源氏物語をおばさんから50数冊もらって読みふけった。夕顔や浮舟みたいな女性になりたい」という内容の少女時代の記事があります。

おそらくはこのことをもって、長い間、『源氏物語』は当時も本のかたちで読んで楽しまれた文芸作品なのだ、つまり、坪内逍遥あるいは滝沢馬琴の言う「小説」なのだ、という印象が広まったのです。

しかし、『更級日記』を書いた菅原孝標女は姫ではありません。女房側の人間です。父親が菅原孝標だから菅原孝標女と呼ばれるわけですが、菅原孝標は地方行政をもっぱら務める受領《ずりょう》という役職の官僚です。

菅原孝標女は役人の娘であって、女房にはなれても姫にはなれません。だから菅原孝標女は、『源氏物語』を「読む」のです。

物語の正真正銘の消費者である姫は平安京に、《一時に五人とは数え得なかったろう。皇室ともで三四の家庭にしかいなかったろう》と玉上博士は述べています（前掲論文『物語音読論序説－源氏物語の本性（その一）－』）。

『源氏物語』は、その作者が紫式部であることが確かだとすれば、時の第66代一条天皇の中宮となっていた藤原道長の娘・彰子《しょうし》に読み聞かせるためだけに書かれた物語である、ということになります。

そうではなくて他の姫に読み聞かせるためにつくられた物語であったとしても、いずれにせよ『源氏物語』には、ぜひとも姫に読み聞かせなければならない「目的」というものがありました。

「世の中とは何か」を教えるための『源氏物語』

玉上琢彌博士は次のように述べています。

《物語は、姫君成人後にわたっての、生活指導書であったのである。男女のなかを、いみじくも「世」と呼んだ平安女人の生活は、物語以外、何に教訓を求めえようか》（前掲論文『物語音読論序説－源氏物語の本性（その一）－』）

世間を知らない、また知るべくもなく成長する《一時に五人とは数え得なかったろう。皇室ともで三四の家庭にしかいなかったろう》という姫様に、「世の中はこういうふうにできている」と教育するために女房が語り聞かせたものが平安時代の物語であり『源氏物語』だった、ということになります。

もちろん、だからといって『源氏物語』は姫と、書き手・読み上げ手を含めその世話付きの女房だけが知っていたわけではありません。『更級日記』の菅原孝標女も知っていたわけですし、また、当時の男たちも知っていました。

『源氏物語』の作者とされる紫式部の『紫式部日記』に、次のような記事があります。

《左衛門の督《さえもんのかみ》、「あなかしこ、このわたりに、わかむらさきやさぶらふ」と、うかがひたまふ。源氏にかかるべき人も見えたまはぬに、かの上は、まいていかでものしたまはむと、聞きゐたり。

[訳] 左衛門督（公任）が、「失礼ですが、このあたりに若紫はおいででしょうか」と、几帳の間からお覗きになる。源氏の君にかかわりありそうなほどのお方もお見えにならないのに、ましてあの紫の上などがどうしてここにいらっしゃるものですか、と思って、

私は聞き流していた》
（完訳日本の古典24『和泉式部日記　紫式部日記　更級日記』藤岡忠美・中野幸一・犬養廉　校注・訳、小学館）

左衛門督とは、藤原公任《ふじわらのきんとう》のことです。歌人としても有名な朝廷官僚です。

なお、この記事をもって紫式部が『源氏物語』の書き手だと断定するわけにはいきませんが、登場人物に対する馴れ馴れしい感じは、およそ紫式部が作者なのだろうと思わせます。そうでない場合には、当時の宮中で《光源氏》と《紫の上》は、男性からも女性からもアイドル扱いされていた、ということになります。

また、次の記事は、「物語」とあるだけなので『源氏物語』と特定することはできませんが、物語が『源氏物語』であるなら、藤原道長も『源氏物語』を読んでいたことになります。と同時に紫式部が『源氏物語』の作者である、ということも確定します。

いずれにせよ、少なくとも紫式部は物語の書き手側の女房だったことは間違いありません。また物語というものを宮中の男も読んでいたらしいことがわかります。

《局に、物語の本どもとりにやりて隠しおきたるを、御前にあるほどに、やをらおはしまいて、あさらせたまひて、みな内侍の督の殿に奉りたまひてけり。よろしう書きかへたりしは、みなひきうしなひて、心もとなき名をぞとりはべりけむかし。

［訳］自分の部屋に、物語の原本を実家から取り寄せて隠しておいたのを、私が中宮さまの御前に出ている間に、殿がこっそり部屋においでになって、お探し出しになって、みんな内侍の督の殿にさしあげておしまいになった。まずまずという程度に書き直しておいた本は、みな紛失してしまっていて、手直しをしていないのがみなの目に触れることになってしまい、きっと気がかりな評判をとったことでしょうよ》

（前掲・完訳日本の古典24『和泉式部日記　紫式部日記　更級日記』）

「殿」が藤原道長です。「内侍の督の殿」は、道長の次女の妍子《けんし》のことで、後に第67代三《さん》条《じょう》天皇の中宮になった人です。

さしあげた、というのは、お読みなさいよ、と言って直に渡したのではなく、妍子付きの女房に預けた、ということです。みなの目に触れることになってしまい、というのは、そういうことです。

こうした状況の中で、姫様教育教材『源氏物語』の書き手が、宮中の人々の評判を気にし、宮中の人々を楽しませよう、おもしろがらせようという動機もまた十分に持ち合わせつつ書き進めていったというのは大いにありえることです。『源氏物語』の文芸的な練度の高さは、そうしたことから生まれたものでもあったでしょう。

しかし、『源氏物語』の本来の目的は、あくまでも、《姫君成人後にわたっての、生活指導書》の作成にありました。

「世の中はこうしてできている、世の中とはこういうものだ」ということを教えるということは、「こうだからああなった、ああだからこうなった」「ああするとこうなる、こうするとああなる」ということを逐一細かく教えていく、ということです。

『源氏物語』の書き手は、何かが起これば、それがどうして起こったのか、あの人はこう考え、この人はこう考えている、起こったことに対して、あの人はこう言い、この人はああ言う、こういう人ならああ評価する、ああいう人ならこう評価する、といったことを逐一書かなければいけません。そして、それを書くのが書き手の仕事です。そうしなければ、姫には世の中というものがわかりません。

起こったことに対してその状況をしつこく、複数の視点で説明していくということは、

「いいわけ」をするのと同じ作業です。だから、『源氏物語』は必然的にいいわけそのものといいわけじみた話だらけになり、べらぼうに長くなるのです。

したがって、『源氏物語』には、おもしろくない、悪文である、駄作である、という評価がついてまわります。

『源氏物語』がおもしろくないのは当たり前

『源氏物語』は悪評だらけです。

自然主義作家の代表・正宗白鳥《まさむねはくちょう》（1879〜1962）は、1933年発行の批評誌『改造』に寄せた「英訳『源氏物語』」と題する論文の中で、《気力のない、ぬらぬらとした、ピンと胸に響くところのない、退屈な書物》と酷評しました。

20世紀日本を代表する哲学者・和辻哲郎《わつじてつろう》（1889〜1960）は、著書『日本精神史研究』（岩波書店、1926年）の中の「『源氏物語』について」の項で、《源氏は一つの人格として描かれていない。その心理の動き方は何の連絡も必然性もない荒唐無稽なものである》と述べています。

『福田恆存《ふくだつねあり》著作集』（新潮社）の中に見えますが、シェイクスピア翻訳や政治評論でも知られる劇作家の福田恆存（1912〜1994）は、『源氏物語』の原文の日本語は素晴らしいが内容は読めたものでない、と言っています。ちなみに、福田恆存は、何度かチャレンジしたが常に須磨《すま》の帖で挫折した、ということです。

さぞや『源氏物語』の熱狂的ファンなのだろうと想像する「もののあはれ」研究で知られる江戸時代後期の国学者・本居宣長《もとおりのりなが》（1730〜1801）でさえ、『源氏物語玉の小櫛』（1799年）の中で、「世の常の、平凡で似たようなことばかりが続く長い物語」と言っています。

そうした一方で、平安文学研究の第一人者として知られた秋山虔《あきやまけん》（1924〜2015）が論文『源氏物語をどう読むか』（『徳島大学国語国文学』1998年）で紹介している通り、《一見曖昧で、不明瞭な『源氏物語』の文体だが、それが作者の標章であり、ゆるやかなリズムで築き上げられた詞の宇宙に一度閉じ込められてしまうと、一つ一つの詞がいかにも確かな、ゆるぎないものとしての場を占め、意味をもってくることに気づかされる。細部に表情が与えられるのも、こうした文体によってのことなのである。急いで結論を出す必要のある文章、読者の感受性でなく、観念に直接訴えなければならない文章、論理の組み立ての厳正さを、かけがえのないものとする文章、推定せず、断定しつづけなければならない文章の場合、こうした文体はまず不向きだといえよう》(『源氏物語論』竹西寛子、筑摩書房、1967年)という理解型の評価もありますが、この評価も、つまるところは、『源氏物語』は悪文だ、です。

ああだこうだと状況をしつこくあれこれ複数の視点で説明していく、いいわけだらけの『源氏物語』をきわめて真面目に分析しようとしたのは、秋山博士の同前掲論文でも紹介されている、江戸時代末期の国文学者・萩原広道《はぎはらひろみち》(1815~1864)でした。

萩原広道は、著書『源氏物語評釈』(1854~1861年刊行)の中で、主格・正副・正対・反対・照対照応・間隔・伏案伏線・抑揚・緩急・反覆・省筆・余波・種子・報応・諷諭《ふうゆ》・文脈語脈・首尾・類例・用意・草子地・余光余情など、漢文の修辞法を参考および駆使することによって『源氏物語』を場合分けしようと試みました。「ああだこうだ」の「ああこう」をさらにまたひっくり返すようなことをしながらいいわけを繰り返す悪文バリバリの『源氏物語』相手だからこそできることです。

とはいえ、こうした評価は、ほめられようがけなされようが、『源氏物語』の書き手にとってはまったく関係のないことです。

あなたたちに読ませるために書いたのではない、で終了です。

『源氏物語』の書き手は、世の中とはどういうものか、姫が今いるのはどんな世の中なのか、を教えるために読み聞かせる台本を書いたのであって、不特定多数を楽しませようという読み物を書いたわけではありません。

そして、何より興味深いのは、「世の中とはどういうものか、今いるのはどんな世の中なのか」を教えるために書かれたものが、今で言う「哲学」、それも「存在論」の教科書以外のものであるはずがない、ということです。

辞書の類に「哲学」はおしなべて「世界・人生などの根本原理を追求する学問」と説明され、「存在論」もまたおしなべて「すべての存在者が存在者である限りにおいて共通にもつもの、あるいは存在そのものおよびそれのもつ最も根本的・普遍的な諸規定についての考察」と説明されています。

『源氏物語』は、現代においては読み物であって、おもしろいと感じる人にとってはべら

本居宣長（像）
（Public domain）

ぼうにおもしろく、つまらないと感じる人にとってはべらぼうにつまらない文芸作品なのですが、そもそもは用途的にも根本的にも哲学、それも存在論の教材でした。

そして、わかっているだけで13世紀から10年に1冊ペースで解説本・評釈本が書かれ続けていた『源氏物語』研究の歴史の末に、初めて「『源氏物語』はそもそも存在論の教材である」という点をとらえていろいろと考えた学者こそが本居宣長でした。

本居宣長は、江戸時代中期、1763年に『紫文要領』を書き上げ、「もののあはれ」という考え方を世に出します。

『岩波古語辞典』に「もののあはれ」は、一義《季節の移り行きに感じられるしみじみとした気分》、二義《音楽の感興》、三義《男女の間で交わす情》と説明されています。しかし、本居宣長の場合は少々違います。

本居宣長の「もののあはれ」とは「もの＝存在」の「あはれ＝あれこれ」という意味でした。存在論の用語として考える方がよっぽどわかりやすい「もののあはれ」だったのです。

何でも入る魔法の箱「もののあはれ」

「もののあはれ」は、ややもすれば本居宣長の専売特許のように扱われていますが、「もののあはれ」という言葉は、本居宣長の発明品ではありません。

文献の上では、紀貫之《きのつらゆき》（872～945）の『土佐日記』（935年頃）に初めて登場する古来の言葉です。

《かぢとり【もののあはれ】もしらで、おのれしさけをくらひつれば、はやくいなんとて、「しほみちぬ。かぜもふきぬべし」とさわげば、ふねにのりなんとす》（『校註　土佐日記』鈴木知太郎、笠間書院、1970年）

［訳］船頭は、【もののあはれ】もわからずに、自分ばかりが酒を飲んで、早く出発しようとして、「潮も満ちるし、風も吹くから」と騒いで、船に乗り込もうとする。

これが現存文献上初出の「もののあはれ」ですが、言葉を変えて訳しようがなく、少々、状況説明が必要になります。

紀貫之本人だと言われていますが土佐の国守が任期を終えて京へ帰ろうとする日のことです。土佐の人が別れを惜しんで和歌を詠み、その元国守が返歌します。その後に右の船頭の様子が描かれます。

この「もののあはれも知らで」は「趣きというものがわからないで」と解釈されることが多いようですが、もっと狭く、「和歌を応酬する技術や習慣がないために」と解釈する説もあります。雅《みやび》な人間ではない、つまり京都人ではない人間、少なくとも平安京文化を生活習慣とはしない人間なので、ということです。

いずれにしても、「もののあはれ」を知らないのはいいことではなく、書き手は船頭に呆れているか、もしくは、鄙《ひな》、つまり田舎の人に自分にはないおおらかさを感じて苦笑している、ということになります。

ただし、この「もののあはれも知らで」は、「空気が読めないために」と解釈することも可能です。

船頭にとっては潮と風の関係で急ぐ状況だけれども、別れを惜しむ状況が一方にあり、書き手は、別れを惜しむ状況の方を読むべき「空気」として、それを読めない船頭というのはいかがなものか、ということで話を組み立てています。

空気が読めない、というのは、時と場合によって変わる世界を了解しない、ということです。すると、「もののあはれ」は「世界は時と場合によって変わるということ」を指していることになります。

土佐日記の「もののあはれ」を、「空気が読めない」の「空気」と解釈した時、この紀貫之の「もののあはれ」は、およそ900年ほど経った後の、本居宣長の「もののあはれ」に直結していく、ということになります。

「もの（存在）のあはれ（あれこれ）」は、つまり「世の中」

29歳の時にすでに伊勢・松坂の自宅奥座敷で『源氏物語』の講釈を始めていた本居宣長は、1763年、34歳の頃に研究書『紫文要領』を書き上げます。宣長はその中で、「もののあはれ」を次のように定義しています。

《世中にありとしある事のさま〳〵を、目に見るにつけ耳にきくにつけ、身にふるゝにつけて、其よろつの事を心にあぢはへて、そのよろつの事の心をわか心にわきまへしる、其事の心をしる也、物の心をしる也、物の哀れをしる也。其中にも猶くはしくわけていはは、わきまへしる所は、物の心事の心をしるといふもの也、わきまへしりて、其しなにしたかひて感ずる所が物のあはれ也、たとへはいみしくめてたき櫻の盛にさきたるを見て、めてたき花と見るは物の心を知る也、めてたき花といふことをわきまへしりて、さてさてめてたき花かなと思ふが感する也、其即、物の哀也、》(「本居宣長全集　第四巻」『紫文要領』より／大野晋・大久保正・編集校訂、筑摩書房、1969年)

〔訳〕世の中にある「こと」すべてのさまざまを、目に見るにつけ、耳に聞くにつけ、身に触れるにつけ、そのあらゆる「こと」を心におもしろく思い、あらゆる「こと」の心を自分の心で理解する、これが「こと」の心を知るということである、「もの」の心を知るということである、「もののあはれ」を知るということである。それにおいてもさらに詳しく分けて考えていくと、理解するというのは、「もの」の心、「こと」の心を知るということであり、理解して、その段階にしたがって感じるところが「もののあはれ」である、たとえば、きわめてみごとな桜が盛んに咲いているのを見て、見事な花だと見るのは「もの」の心を知るということであり、見事な花だという「こと」を理解して、さてさてみごとな花であるよ、と思うのが感動であり、それがすなわち「もののあはれ」である。

理論派といえば聞こえはいいのですが、理屈屋全開です。本居宣長は、「からごころ」つまり簡単に言えば「理性的分析ばかりに夢中な文化」を徹底的に批判しましたが、宣長が自らの研究において採った方法はまさに「からごころ」そのものではないのか、と言いたくなるほどです。

原文中、きわめて難しいのが「心」という言葉です。「心」という言葉は古来、多義に使われてきました。その中の、精神・魂を指す「心」と、意味・本質を指す「心」とがおそらく混じっています。

しかし、同じ言葉を著者が使っている限りは、ここは精神・魂ではなく本質という意味合いの「心」らしいけれどもなぜ書き分けないのだろう、などといったことを類推する以外になく、小林秀雄が『本居宣長』（新潮社、1965〜1976年『新潮』連載）の冒頭で言っているように、本居宣長はまったくもって《面倒》です。

宣長の時代には哲学という言葉も存在論という言葉もありませんでしたが、「物（もの）」「事（こと）」は、その後の哲学用語、存在論の用語以外の何物でもありません。したがって、多くの哲学者が「もののあはれ」について言及しています。

たとえば、先にも触れた、『源氏物語』の文芸面をさんざん腐《くさ》した和辻哲郎は、1922年に発表した論文『「もののあはれ」について』の中で、《「もの」は意味と物のすべてを含んだ一般的な、限定せられざる「もの」である。限定せられた何ものでもないととももに、また限定せられたもののすべてである。……「もののあはれ」とは畢竟《ひっきょう》この永遠の根源への思慕でなくてはならぬ》と述べ、それを受けて現代日本を代表する哲学者のひとりである長谷川三千子埼玉大学名誉教授は著書『日本語の哲学へ』（筑摩書房、２０１０年）の中で、《和辻氏の言うとおり、「もののあはれ」は決して単なる文芸論の一テーマなどではない。それはまさに、哲学の根本動機である「驚き」とひきくらべられるべきものなのである》と述べています。

本居宣長の「もののあはれ」も、後世人が解説してくれている宣長の「もののあはれ」も、なんだかわからないものにおけるなんだかわからないものが「もののあはれ」ということであり、畢竟「もののあはれ」とは「存在にまつわるあれこれ」のことであるとしか言いようがない、ということになるのですが、では、本居宣長はそんな「もののあはれ」を『源氏物語』のどういったところに見たのでしょうか。

『源氏物語』と「もののあはれ」の関係について本居宣長が端的に述べるのは、『紫文要領』から33年後、１７９６年に書き上げた『源氏物語玉の小櫛《おぐし》』においてです。

《さてそは、作りぬしの、みづから、すぐれて深く物のあはれをしれる心に、世（ノ）中にありとある事のありさま、よき人あしき人の、心しわざを、見るにつけきくにつけ、ふるゝにつけて、そのこゝろをよく見しりて、感ずることの多かるが、心のうちにむすぼゝれて、しのびこめてはやみがたきふしぐを、その作りたる人のうへによせて、くはしくこまかに書顕《あら》はして、おのが、よしともあしとも思ふすぢ、いはまほしき事どもをも、其人に思はせいはせて、いぶせき心をもらしたる物にして、よの中の物のあはれのかぎりは、此物語にのこることなし》（前掲「本居宣長全集　第四巻」『源氏物語玉の小櫛二の巻』なほおほむね）

[訳] それ（源氏物語）は、作者が、なりゆきのうちに、とりわけ深く「もののあはれ」を理解した心で、世の中のありとあらゆる事の起こる様子や、よい人、わるい人の、心や行いを、見るにしても、聞くにしても、実際に関わるにしても、その心をよく観察・理解するうち、（作者が）感じることがいかにも多く、（作者の）心の中に憂鬱を伴って溜まっていき、（作者の心に）押し隠してはおけないいろいろなことを、作中の登場人物をかりて詳細に書き表して、自分（作者）が、よいとも思うこと、わるいとも思うこと、言いたいことなどをも、その人（登場人物）に思わせたり言わせたりして、気の重い心を表に出したものであって、世の中の「もののあはれ」は、残すとこ

ろなくこの物語に書いてある。

世の中の「もののあはれ」がすべて書いてあるのが『源氏物語』である、ということになります。

しかし、まだよくわかりません。『源氏物語』にすべて書いてあるという「もののあはれ」とは、いったいどういうものなのでしょうか。

とはいえ、この答えは簡単に算定できます。

『源氏物語』は、「世の中とはこういうものだ」ということを姫に教えるために書かれたものです。『源氏物語』に書かれているのは「世の中のあり方」です。

つまり『源氏物語』には「もののあはれ」のすべてが書かれてある、というのであれば、「もののあはれ」とは「世の中のあり方」ということである、となります。

そして、『源氏物語』に書かれている「世の中のあり方」とは、「関係こそがすべて」というあり方でした。

「私」の薄さ、あるいは不在

『源氏物語』を読んで感じるのは、登場人物それぞれの「私」というものがどうも薄い、ということです。周囲で起きた、あるいは起きている状況というものが説明されて初めて「私」は浮かび上がります。前述した和辻哲郎の評価《源氏は一つの人格として描かれていない。その心理の動き方は何の連絡も必然性もない荒唐無稽なものである》は、まさにこの点に対する指摘でしょう。

『源氏物語』において登場人物の心情といったものは、すべて人ないし物事との「関係」を通して、または「関係」をいちいち明らかにしながら描かれます。だからこそ『源氏物語』はくどくどと長くなるばかりなのですが、それもまた当然で、そういうことを教えていくのが姫への教育というものだからです。

本居宣長は『源氏物語玉の小櫛』の中で「平凡で似たようなことばかりが続く長い物語だが、少しも飽きないのが見事だ」と言っています。「少しも飽きない」については賛否両論あるでしょうが、少なくとも宣長は『源氏物語』の研究者ですから飽きるわけにはいきません。ただし、「少しも飽きない」という『源氏物語』評価は至言です。

次に挙げるのは、桐壺の帖の中盤に出てくる話です。

《お上》とは《桐壺帝》のことです。《桐壺帝》最愛の《桐壺更衣》は、後に《光源氏》となる子供を生んで亡くなるわけですが、帝が、娘を亡くした母の元に「靫負命婦《ゆげいのみょうぶ》」を使いに出し、見舞わせます。その時に、靫負命婦が伝えた、帝の様子です。

《「お上もそうおっしゃっていらっしゃいます。『わが心ながら、ああも一途に、人目をおどろかすように思いつめたというのも、やはり長くは続かない縁であったのかもしれぬと思うと、苦しい契りを結んだものだという気がする。自分はいささかでも人の気持ちをそこのうた覚えはないのだけれども、ただこの人がいたために、恨まれないでもいい人たちの恨みを負うたとどのつまりは、こんな具合に一人あとに残されて、心を取り直す術もなくて、いよいよみっともなく、頑なになったのであるが、前の世でどんな約束がしてあったのか知りたい』と、繰り返し仰せになって、おん涙がちにいらっしゃいます」》

くどくどしいことは相変わらずで、時間軸的に前後しますが、《夕霧》の浮気のいいわけと《柏木》の口説きのいいわけとをドッキングさせたような構造です。

「おどろく人目」があり、「そこなう人の気持ち」があり、「この人（桐壺更衣）」があり、「恨まれないでもいい人たち」があり、それらがすべて関係したところで「みっともなくて頑なな私」があります。そして、すべては「前の世での約束」であるから、しかたがない、のです。

『源氏物語』の登場人物は、「私」がまずそこにあって何かが生じるのではなく、関係というものが揺らぎながら動いていくことで「私」は生じ、「私」の心情というものも生じていく、と考えています。これが、『源氏物語』における「世の中」であり、姫に対して教えるべき「世の中」です。

「私」よりも大きい「関係」の動きで「世の中」はできていくのだから「私」がどうこうしたところでしかたがない、というのが『源氏物語』の「世の中」である、ということになります。

さらに言えば、これが『源氏物語』当時の、少なくとも平安京に暮らす人々にとっての「世の中」であり、同時に、そのおよそ８００年後、本居宣長が大事とした「もののあはれ」つまり「世の中」でもありました。

『源氏物語』はそもそも小説ではないので当然ではあるのですが、明治時代以降の近代小説とはまったく異なる構造をしています。

文明開化の名の下で大量に日本に入ってきた海外キリスト教文化圏の近代小説の特徴は、ひとことで言えば、「唯一絶対神がよかれと思ってつくった世界における、唯一絶対神に相対している私の問題解決の物語」です。

たとえばドストエフスキーは『カラマーゾフの兄弟』のイワンに、《しかし僕はその時『主よ』と叫びたくないよ。まだ時日のある間に、僕は急いで自分自身を防衛する。従って神聖なる調和は平にご辞退申すのだ。なぜって、そんな調和はね、あの臭い牢屋の中で小さな拳を固め、われとわが胸を叩きながら贖われることのない涙を流して、『神ちゃま』と祈った哀れな女の子の、一滴の涙にすら値しないからだ!》(米川正夫・訳、岩波文庫)などと言わせます。

解決に先立って生じるべき問題に説得力がなかったり、悩みが甘かったり、解決がぬるかったりすると、駄作と呼ばれます。『源氏物語』が現代人に駄作であると評価される理由もまたひとつ、そこにありますが、『源氏物語』には唯一絶対神もないどころか、そもそも解決すべき問題もありません。

『源氏物語』には数多くの現代語訳がありますが、その中でもおそらく最もユニークかつ重要なのは橋本治《はしもとおさむ》（1948〜2019）の『窯変《ようへん》　源氏物語』（全14巻、中央公論社、1991〜1993年）です。

橋本治は、『源氏物語』を、《光源氏》を「私」として純粋に主人公とし、《光源氏》の一人称で書き改めました。これは、「小説ではない『源氏物語』の近代小説化」を試みた多分に科学的な実験だった、と言えるはずです。

前出の《桐壺帝》の部分を橋本治は、『窯変　源氏物語』で次のように書いています。

《「主上におかせられましては、〝我が心ながら一途にすぎて、傍の見る目を騒がすばかりの思いであった〟と。〝あのようなことでは長く続く筈もなかったのだ〟と。〝天子たるもの、いささかなりとも世の人心を撓《たわ》めてはならぬと思ったものを、ただあの者一人の為に多くの者どもの恨みをかった——その末の果とは、このように私一人が取り残され、心を鎮めるすべもない愚かしさか〟と。〝人も嗤《わら》おう。この物狂おしさはいかなる前世の因縁なのか、それが知りたい〟と、幾度もお繰り返しになり、涙のお乾きになるお暇とてございません」》（前掲『窯変　源氏物語』）

右記引用の「私」たる《桐壺帝》の「私」は非常に濃いものです。いわば、「私」がすべて悪いのだ、です。

橋本治は『窯変　源氏物語』の自己解説本にあたる『源氏供養』（上下巻、中央公論社、1994年）の後書きで、《紫式部が書こうとして書けなかった部分まで、「現在」という時間と「男の目」という立場を使えば書けるのではないかと思った》と述べています。

そんなことって「世の中」にあるの？

『源氏物語』の「世の中」は、「私」よりも大きい「関係」の動きで「世の中」はできていくのだから「私」がどうこうしたところでしかたがない、という「世の中」でした。

そしてこれが当時の、少なくとも平安京に住む人たちの「世の中」、つまり世界観でした。そこにはおそらく、「宿世」ですべては決まってしまっている、という仏教本位制が関係していました。

では、「私」がどうこうしたところでしかたがない「世の中」であり、良くも悪くもすべてはすでに決まってしまっている「世の中」であるならば、良くも悪くも何事かが起こった時の反応はどうなるでしょうか。

何事かを起こした他人あるいは自分も問題ではないし、何事かを起こされた自分あるいは他人も問題ではありません。必然的に、『そんなことって「世の中」にあるの？』ということにしかなりません。「私」がどうこうしたところでしかたがない「世の中」は、すべての人にとって「私」がどうこうしたところでしかたがない「世の中」なのです。

たとえばキリスト教文化圏であれば「私」が常に相対しているのは唯一絶対神であり、価値基準については聖書に明文化されています。

しかし、平安貴族の「私」が常に相対しているのは「世の中」であり、価値、道理といったものはその都度その瞬間に人・もの・ことの関係から生成されるものです。

「世の中」には「ない」と思っていたことが、その都度その瞬間の関係から生じて「ある」ということになった時に初めて、「私」の心が動きます。「もののあはれ」が発動される、ということになります。

『源氏物語』に「ありえない、存在しえない」という意味の「ありがたい」が多用されているのはこれが理由です。

「世の中」には「ない」と思っていたことが「ある」ということになった時に「私」の心が動くので、「ありがたく」は、強調の修飾語としても使われ、単体でネガティブな意味でもポジティブな意味でも使われ、「貴重で優れている」という意味でも使われ、いよいよ感謝の言葉へと展開していき、「ありがたう」が登場し、「ありがとう」へと展開していく、ということになります。

では、この、「私」がどうこうしたところでしかたがない、良くも悪くもすべてはすでに決まってしまっている「世の中」という世界観は、『源氏物語』成立当時特有の世界観なのでしょうか。「宿世」の思想の日常的浸透があったからこそ持つに至ったものでもある世界観なのでしょうか。

小林秀雄の『本居宣長』の冒頭に次の一文があります。すでに『本居宣長』を書くことを決めていてのこととされていますが、民俗学・国文学者の折口信夫《おりくちしのぶ》（1887〜1953）を東京・大森の自宅に訪ね、会談を終えて駅まで送ってもらった、その別れ際のシーンです。
《道々、取止めもない雑談を交わして来たのだが、お別れしようとした時、不意に、「小林さん、本居さんはね、やはり源氏ですよ、では、さよなら」と言われた》（前掲『本居宣長』）

会談はもっぱら『古事記伝』（1798年脱稿）を書いた宣長に終始された、ということを受けての一文です。

本居宣長は、一般的には『古事記伝』44巻の偉業で有名です。小林秀雄も、『本居宣長』を執筆するにあたって、当初、『源氏物語』の宣長は頭になかったといいます。そこに、折口信夫は《「本居さんはね、やはり源氏ですよ」》と言ったのです。

宣長は27歳の時、京都遊学中に書店で『古事記』を手に入れました。写本ではなく、1644年に出版された『古事記』の初の版本つまり印刷版です。ただし、『古事記』に本格的に取り組むのはもう少し後で、『古事記』の講義を始めたのは1764年、35歳の時でした。

前述した通り、宣長は1758年、29歳の時に『源氏物語』の講義を始めています。『古事記』の研究に入るのは、『源氏物語』研究の後です。

宣長が最も愛したのは和歌でした。生涯に詠んだ和歌は約1万首と伝えられています。宣長は和歌の修練のために『源氏物語』の研究をしたのです。そして、『源氏物語』研究で獲得した「もののあはれ」の根源を追求するために『古事記』研究に入ったのです。

本居宣長の研究方針に従えば、「もののあはれ」、つまり、「私」がどうこうしたところでしかたがない「世の中」という世界観は、『源氏物語』の時代をさらに遡り、『古事記』の中、おそらくは日本神話の中に見ることができる可能性があります。

次の章では、「ありがとう」の根源的な世界観、「私」がどうこうしたところでしかたがない「世の中」という世界観を、まずは『古事記』の中に探っていきます。

第4章

創造しない日本の神と「ありがとう」の関係

～本居宣長から～

日本の神様はなぜ占いをする？

『古事記』に登場する日本神話の神様は、「占い」をします。たとえば次のように、占いを非常に頼りにします。

イザナギとイザナミの「国産み」によって北海道を除く日本列島ができあがっていくわけですが、イザナギとイザナミは最後の淡路島を生む前に、水蛭子《ひるこ》を生みます。

《かくてお二人で御相談になって、「今わたしたちの生んだ子がよくない。これは天の神様のところへ行って申しあげよう」と仰せられて、御一緒に天に上って天の神様の仰せをお受けになりました。そこで天の神様の御命令で鹿の肩の骨をやく占い方で占いをして仰せられるには、「それは女の方が先に物を言ったので良くなかったのです。帰り降って改めて言い直したがよい」と仰せられました》（『新訂　古事記』武田祐吉《たけだゆうきち》・訳注、中村啓信《なかむらひろとし》・補訂、角川書店、1977年）

イザナギとイザナミは、授かった鉾《ほこ》を海に差して引き上げたことから生まれた淤能碁呂《おのごろ》島《じま》に大きな柱と御殿を建てて国生みを始めるわけですが、その大きな柱を回って出逢ったということをきっかけとして結婚しよう、という話になります。

いよいよ柱のまわりを回って出逢った時に、まずイザナミが「あなにやし、えおとこを（ほんとうにりっぱな青年ですね）」と声をかけ、次にイザナギが「あなにやし、えをとめを（ほんとうに美しいお嬢さんですね）」と言ったのがまずかったのだ、やりなおせ、という占いの結果が出たわけです。

神様が占いをする、というのはあまり世界に類を見ません。たとえばキリスト教は、そもそも占い自体を禁止しています。聖書（旧約聖書）に次のようにあります。

《あなたがたのうちに、自分のむすこ、娘を火に焼いてささげる者があってはならない。また占いをする者、卜者《ぼくしゃ》、易者、魔法使、呪文を唱える者、口寄せ、かんなぎ、死人に問うことをする者があってはならない》（申命記　18：10〜11）

《そむくことは占いの罪に等しく、強情は偶像礼拝の罪に等しいからである。あなたが主

のことばを捨てたので、主もまたあなたを捨てて、王の位から退けられた》（サムエル記　15：23）

《それで、あなたがたの預言者、占い師、夢みる者、法術師、魔法使が、「あなたがたはバビロンの王に仕えることはない」と言っても、聞いてはならない》（エレミヤ書　27：9）

聖書（旧約聖書）は、ユダヤ教の聖典であり、また、イスラム教の啓典ですから、当然、ユダヤ教もイスラム教も占いは禁止です。

仏教においてはどうか、というと、最古とされる仏教聖典『スッタニパータ』の「第四八つの詩句の章　十四、迅速９２７」に次のようにあります。

《わが徒は、アタルヴァ・ヴェーダの呪法と夢占いと相の占いと星占いとを行ってはならない。鳥獣の声を占ったり、懐妊術や医術を行ったりしてはならぬ》（『ブッダのことば：スッタニパータ』中村元《なかむらはじめ》・訳、岩波書店、１９８４年）

ただし、これは出家者向けの戒めで、出家者というのはそもそも社会活動のほぼ一切が禁止されています。もちろん、在野はこの限りではありません。

キリスト教、ユダヤ教、イスラム教において、占いをすることに何の問題があるのでしょうか。まず、占いとは何か、民俗学者の井之口章次《いのくちしょうじ》博士は次のように解説しています。

《世界の諸民族の占いは、きわめて多くの形態をもつ。しかしその本質が、ある事物や現象の出現、状態などを、その経験的属性とは別のなんらかの情報を与える「しるし」と考え、そのしるしを解読したり解釈することによって、過去、現在、未来の隠された事実、吉凶などを知ることにあることは共通している》(『日本の俗信』弘文堂、1975年)

《その経験的属性とは別の》というところがポイントです。占いは、「今この世界の他に頼りになる世界がある」ということが前提となっている、ということです。

聖書においては、出エジプト記20章2節から17節、申命記5章7節から21節の2個所に出てくる「モーセの十戒《じっかい》」の第1戒《あなたには、わたしのほかに、ほかの神々があってはならない》あるいは《あなたはわたしのほかに、なにものをも神としてはならない》と書かれてあります。まずはそれに反するので、ユダヤ教、キリスト教、イスラム教は「占い」は絶対禁止です。

もちろん、聖書の神様と日本の神様は違うので、この戒律は日本にはあてはまりません。聖書の神様は、聖書の冒頭・創世記第1章第1節にある通り、「はじめに神は天と地をつくられた」、つまりこの世の一切を創造した神様です。

しかし、日本の神様は、天地を創造したりなどはしていません。

『古事記』は文学的、『日本書紀』は学者風

一般的に「天地開闢」と言われますが、世界の始まりということについて、『古事記』には次のように書かれています。

《昔、この世界の一番始めの時に、天で御出現になった神様は、お名を天の御中主の神（あめのみなかぬしのかみ）といいました。次の神様は高御産巣日の神（たかみむすひのかみ）、次の神様は神産巣日の神（かむむすひのかみ）、このお三方は皆お独りで御出現になって、現実の姿形を隠して現しませんでした》（前掲『新訂　古事記』）

つまり、少なくとも天はもうすでにあるわけです。『古事記』においては、天は神様がつくったものではありません。

『古事記』成立から8年後に成立した『日本書紀』にも日本神話は書かれており、当然、「天地開闢」も冒頭に載っています。

《昔、天と地がまだ分かれず、陰陽の別もまだ生じなかったとき、鶏の卵の中身のように固まっていなかった中に、ほの暗くぼんやりと何かが芽生えを含んでいた。やがてその澄んで明らかなものは、のぼりたなびいて天となり、重く濁ったものは、下を覆い滞《とどこお》って大地となった。澄んで明らかなものは、一つにまとまりやすかったが、重く濁ったものが固まるのには時間がかかった。だから天がまずでき上がって、大地はその後にできた。そして後から、その中に神様がお生まれになった》（前掲『日本書紀（上）全現代語訳』）

整理すると、天と地はよくわからないうちにできあがっていて、その後に神様が生まれたのが『日本書紀』の天地開闢です。

おもしろいのは、『日本書紀』は天地開闢について、天地が神様より先にあったことはすべて変わらないにせよ、右記の他に6つの異説を掲載しているところです。

「一書に曰く（あるふみにいはく）」というかたちで、登場する神様の名前もそれぞれに違う天地開闢の異説が並んでいます。したがって、『日本書紀』の編纂者は、本文については統合のかたちをとったとしても、少なくとも6種類の文献ないし史資料を参考にして書いた、ということがわかります。

そして、その4番目の異説に、『古事記』の天地開闢に登場する神様と同じ名前の神様が出てきます。

《また一書（第四）ではこういっている。天地がはじめて分かれるときに、始めて一緒に生まれ出た神があった。国常立尊（くにのとこたちのみこと）という。次に国狭槌尊（くにのさつちのみこと)。また高天原(たかまのはら)においでになる神の名を天御中主尊(あめのみなかぬしのみこと)という。次に高皇産霊尊(たかみむすひのみこと)。次に神皇産霊尊(かむみむすひのみこと)。皇産霊——これをムスヒという》(前掲『日本書紀(上)全現代語訳』)

『古事記』はすでに先にできていたとされています。『日本書紀』の編纂者にとって『古事記』は、明記されていないので確実ではありませんが、参考文献の中の一冊だった可能性があります。

『日本書紀』の編纂者が異説の参考としたほとんどの文献は明らかになっておらず、現存していません。その中には、聖徳太子と蘇我馬子《そがのうまこ》が編纂したとされる『国記』や『天皇記』も含まれていたはずだとされていますし、実際に『日本書紀』にもその書名は登場しますが、現存していません。

したがって、712年に成立した『古事記』が現存する最古の書物にして歴史書、720年に成立した『日本書紀』が現存する最古の正史、つまり国家公認の公的歴史書とされているわけです。

『古事記』と『日本書紀』の違いについては、親日家として知られたフランスの社会人類学・民族学者レヴィ＝ストロースが次のように述べています。

《『古事記』はより文学的ですし、『日本書紀』はより学者風です。しかしスタイルこそ違え、どちらも比類のない巧みさをもって世界の神話の重要テーマのすべてをまとめ上げています。そしておのおのの神話が、知らず知らずのうちに歴史に溶け込んでいます》（日文研フォーラム講演「世界の中の日本文化」　1988年　訳・大橋保夫）

《『古事記』はより文学的ですし、『日本書紀』はより学者風》というのは至言です。『日本書紀』は、特に初めの「神代上」「神代下」の2巻つまり神話の部分は、本文に続いて異説がずらりと並ぶ、資料集のような体裁をしています。最大で1記事につき11の文献が参考にされています。

『日本書紀』は、「この世の始まりについても、世界がどうやってできたのかも、いろいろな説があって本当のところはわからないし、神々の活動も、これまたいろいろな説があって本当のところはわからないが、そうした伝承および伝統の数々を率いて今の皇統があるのだ」という、科学的態度にあふれた、きりりとした書物です。

一方、『古事記』は、ストーリーは一筋で異説などはなく、つまり読んでいて楽しく、歌もまたふんだんに盛り込まれています。

ただし、『古事記』は、およそ本居宣長の時代、つまり19世紀江戸時代中後期まで、むしろ現代日本に見るほどポピュラーな歴史書ではありませんでした。とにかく正史は『日本書紀』だったのです。

『日本書紀』の編纂者が参考としたにもかかわらず『古事記』またはそれを指すような書名が注記されていないことに象徴されるように、常に『古事記』は国史研究の参考本程度の扱いだった、ということになります。

『古事記』は一般的にはほとんど読まれていなかった、と言う方が正しいでしょう。

『古事記』は近現代に発掘された教養

現在日本で出版されている『古事記』のほとんどの底本は、本居宣長の弟子の熊本藩士・長瀬真幸《ながせまさき》が、宣長の『古事記伝』から本文を抜き出して校訂し、1803年に出版した『訂正古訓古事記』です。

この1803年出版の『訂正古訓古事記』をもって、『古事記』は一般にも普及することになります。

現代日本にとっては、児童文学者の鈴木三重吉《すずきみえきち》（1882〜1936）が1920年に発刊した『古事記物語』（赤い鳥社）が決定的でした。この本によって、「山幸彦と海幸彦」や「因幡《いなば》の白兎《しろうさぎ》」といった『古事記』収録のエピソードが、あくまでも『古事記』の部分的な内容に過ぎないにせよ広く浸透したのです。

もちろん、本居宣長の『古事記伝』、そこからのスピンアウト本『訂正古訓古事記』以前に『古事記』の出版物がなかったわけではありません。

たとえば、本居宣長の研究のきっかけになった京都の書店で手に入れた『古事記』は、１６４４年に出版された版本、印刷版でした。

こうした、江戸時代初期の木版印刷出版ブームを背景にして出版された『古事記』は、おおむね、「真福寺本」（愛知県名古屋市の北野山真福寺《しんぷくじ》宝生院《ほうしょういん》所蔵、国宝）という写本が元になっています。そして、「真福寺本」は、１３７１年から翌年にかけて作業されてでき上がった写本であり、これが現存最古の『古事記』です。

現代人は、成立から６００年以上を経て写本作業された『古事記』しか目にすることができておらず、その間にどのような変遷があったかはまったくわかっていない、ということになります。

一方、『日本書紀』の最古の写本は奈良国立博物館に所蔵されている『日本書紀　巻第十残巻』と呼ばれる国宝で9世紀に作業されたものです。

『古事記』と『日本書紀』の写本の残留状況の大きな差は、もしかすれば、今で言えば私文書と公文書の取り扱いの違い、ということかもしれません。しかし、実際に、『古事記』が現代ほどに読まれ、愛されていた形跡は見当たりません。

『紫式部日記』（11世紀初頭に成立）に、次のような記事があります。

《主上が、「源氏の物語」を人にお読ませになられてはお聞きになっていたときに、「この作者はあのむずかしい〝日本紀〟をお読みのようだね。ほんとうに学識があるらしい」と仰せられたのを聞いて、この内侍がふとあて推量に、「とっても学問があるんですってさ」と、殿上人などに言いふらして、私に「日本紀の御局」とあだ名をつけたのでしたが、まことに笑止千万なことです》（前掲「完訳日本の古典24」『和泉式部日記　紫式部日記　更級日記』）

《〝日本紀〟》とは、六国史つまり『日本書紀』『続日本紀』『日本後紀』『続日本後紀』『日本文徳天皇実録』『日本三代実録』を総称した呼び名です。このように、『日本書紀』が、読まれないまでも広く知られていた書物であることは確認できますが、『古事記』に関して言及した文献は当時からその後にかけてもなかなか見当たりません。

江戸時代中期に、「宝暦事件《ほうれき》」と呼ばれている、一種の思想弾圧事件が起こりました。尊王論者、つまり朝廷に政権を戻すべきだと主張する神道家・竹内式部《たけのうちしきぶ》の門弟の公家衆が、６歳で即位してまだ少年だった第１１６代桃園《ももぞの》天皇に対して、『日本書紀』の神代巻を講義したことが発端でした。

1758（宝暦8）年、公家衆に倒幕、謀反の意志があるとして27人の公家衆が処分され、竹内式部は京都から追放されます。当時の年号から、「宝暦事件」と呼ばれています。

江戸時代、歴史書といえば『日本書紀』だった、ということになります。

正史ですから当然といえば当然なのですが、神代巻は日本神話が書かれている部分ですから、異説だらけの『日本書紀』よりも『古事記』の方がはるかによくまとまっています。読み比べる限り、アマテラス、国譲り、ニニギノミコト、天孫降臨、神武の東征という流れの皇祖史は『古事記』の方が『日本書紀』よりはるかに明瞭です。

現代から見れば、公家衆を門弟としている竹内式部が尊王論者である限りは、ここで使うのは『古事記』に決まっているでしょうに、と単純にそう思います。実際、幕末の尊皇攘夷思想を牽引した水戸学は、必須の教養として、『日本書紀』と並ぶかたちで『古事記』を採用しています。

1825年、常陸国《ひたちのくに》水戸藩《みとはん》が歴史書『大日本史』編纂のために設置した局「彰考館《しょうこうかん》」の総裁代役を務めた会沢正志斎《あいざわせいしさい》は、尊王攘夷論を体系的にまとめた『新論』を著しました。上下2巻からなる本で、上巻の「国体」と名付けられた篇では、『古事記』および『日本書紀』の天皇神話を引用しながら、忠孝一体、尚武、愛民の精神を日本の国体だとしています。

会沢正志斎が引用先として使った『古事記』は、すでに19世紀初頭に刊行されていた本居宣長の『古事記伝』ないしはそこから成った『訂正古訓古事記』です。本居宣長が『古事記』にスポットライトをあてていなければ、明治維新期の思想に『古事記』の存在はなかったかもしれません。

『古事記』は本居宣長の一大発見だった、ということです。

和歌マニアの宣長は、十中八九、藤原定家の父にして平安末期和歌界の重鎮・俊成《としなり》の名文句「源氏見ざる歌詠みは遺憾の事なり（源氏を読まない歌詠みなんかダメだ）」に感化されて、和歌のことなら誰にも負けないということで『源氏物語』の研究を開始しました。

そして得ることになった「もののあはれ」をさらに宣長オリジナルで自家薬籠中《やくろうちゅう》のものとするために『古事記』へと至ったのです。『古事記』にも112の歌が載っています。

『源氏物語』には795首の和歌が載っています。『日本書紀』にも128の歌が載り、少し後の時代には『万葉集』という約4500首からなる歌集もありましたが、それらはすでに手垢がつきまくっていました。

たとえば当時の万葉集研究書としてよく知られているものに『万葉考』（1768年成

立）がありますが、その著者である賀茂真淵《かものまぶち》（1697～1769）は宣長の直接の師匠でした。

本居宣長は、当時誰も相手にしていなかったからこそ『古事記』を選んだ、という可能性があります。

神話が表す、神話の子孫たちの「世の中」観

さて、日本の神様は占いをする、ということは、聖書の世界観の下にあるわけでも出家しているわけでもないので、それ自体、何の問題もありません。

『日本書紀』では、イザナギとイザナミの国生みのエピソードにおいて、占いをする神様は本文には登場しません。本文ではなく、異説の第一に、次のように書かれています。

『日本書紀』の異説では、最初に生まれた子に問題がありました。

《ついに夫婦の交わりをして、まず蛭児（ひるこ）が生まれた。そこで葦船にのせて流してやった。次に淡洲（あわのしま）を生んだ。これもまた子の数に入れなかった。そこで天に帰り上って、詳しくその様子を申し上げた。そのとき天つ神は不占（鹿の肩の骨を焼いてできた裂目で占う）で占った。そして天つ神は教え、「女性が先にことばをかけたからだろう。帰ってやり直してみなさい」と仰せられた》（前掲『日本書紀（上）全現代語訳』）

『古事記』においても、『日本書紀』においても、「占い」が重要なフックとして登場するのは、アマテラスとスサノオのエピソードにおいてです。アマテラスとスサノオは、ともにイザナギとイザナミの子供です。アマテラスが姉、スサノオは弟です。

なりゆきは『古事記』と『日本書紀』とで少々違うのですが、スサノオは「黄泉の国」に行くことになり、高天原を治めている姉・アマテラスのところにその旨の挨拶をしにいくことになります。

スサノオが高天原に行こうとして天に向かって上っていくと、海も山も川も鳴り騒いで揺れに揺れる事態となり、そこから類推してアマテラスは、「スサノオは私の国を奪いに来るのだ」と考えます。そこでアマテラスは自らを兵士の装いに整え、弓や剣などの武器を装着します。

いよいよ到着したスサノオに対してアマテラスは、なぜ来たのか、と猛々《たけだけ》しく詰問します。それに対してスサノオが次のように答えます。

【古事記】

《「わたくしはきたない心はございません。ただ父上の仰せでわたくしが哭《な》きわめいているることをお尋ねになりましたから、わたくしは母上の国に行きたいと思って泣いておりますと申しましたところ、父上はそれではこの国に住んではならないと。仰せられて追い払いましたのでお暇乞いに参りました。謀反の心は持っておりません」と申されました。そこで天照らす大神は、「それならあなたの心の正しいことはどうしたらわかるでしょう」と仰せになったので、須佐の男の命は、「【誓約】を立てて子を生みましょう」と申されました》(前掲『新訂　古事記』)

【日本書紀】
《「どうか姉上に共に【誓約】しましょう。【誓約】の中に、必ず子を生むことを入れましょう。もし私の生んだのが女だったら、汚い心があると思ってください。もし男だったら清い心であるとして下さい」と》（前掲『日本書紀（上）全現代語訳』）

誓約は、「うけい」と読みます。占いです。はじめにそれぞれ決め事をして、その通りになったら吉、そうでなかったら凶、といった、賭け事に近い占いです。

この後、アマテラスとスサノオが、互いに身につけている装飾品ないし武器を噛み砕いて吹き出すことによって神を生むのですが、ここは、日本神話上、たいへんに重要な場面です。

この「うけい」の実行中、スサノオが、アマテラスの横髪につけていた勾玉《まがたま》を噛み砕いて吹き出した霧の中から、「正勝《まさかつ》吾《あ》勝勝速《かつかちはや》日《ひ》天《あめ》之《の》忍《おし》穂《ほ》耳命《みみのみこと》」が生まれます。

この神様こそは神武天皇の高祖父で、皇統にとっては直系の先祖神です。アメノオシホミミは、アマテラスとスサノオの間に生まれた子です。

このような重要なところにまで「占い」が登場するわけですが、もちろん占いをすること自体については問題ありません。

問題は、「神様が占いをする」ということが何を意味しているのか、ということです。「占いをする」ということは、日本の神様は神様たる自分の上にさらにもっと上のものがいると考えている、ということを意味しています。だから、「自分では決められない、自分が決めてはいけない、自分のさらに上にいるものが答えを持っている」と考え、占いをするわけです。

日本の神々は占いをする、ということについて、ニーチェ研究の第一人者であるドイツ文学者・評論家の西尾幹二《にしおかんじ》氏は、次のように述べています。

《神様自身、自ら判断を下すということはなくて、対峙する究極の存在というものはどこにもないことをむしろ明かしている。つまり、無限定のままでいるといえる。

神はいないのではない。いるのですが、占いをするような神なのです。神を超えるものが暗示されている証拠です。しかしそもそも神を超えるものは何であるかが、いっさい書かれていないのです。何だかわからない。つまり、現代流の言葉で言えば、「絶対者」が欠けているということだといってよいでしょう》(『国民の歴史』扶桑社、1999年)

西尾氏はこれを受けて《今まではそれをもって日本人をネガティブに評価した。日本人の主体性の欠如をそこに見た。しかし逆の見方があるのではないかと私は言いたいのです。規範がない、原理がないということは、日本民族の場合、必ずしも弱点ではないのではないか、ということを言いたいのです》としています。

神様たる自分の上にさらにもっと上のものがいる、と考えているのが日本の神様である、ということになります。

ここには、天皇でありながら具体的には帝釈天、広義では仏教世界をこそ自らの上において、蚕の卵の吉兆を「かたじけなく」いただこう、と言った孝謙天皇（称徳天皇）のあり方に共通するものがあります。

さらには、《やはりこうして逃れられない深いおん宿世があったのだとお諦めなさいませ。自分ながらも正気ではなかったような気がいたします》と言って《女三宮》を抱き寄せる《柏木》に共通するものがあります。「私」よりも大きい「関係」の動きで「世の中」はできていくのだから「私」がどうこうしたところでしかたがない、と考える《源氏物語》の人々と共通するものがあるわけです。

そして、本居宣長は、『源氏物語』に残すところなく書いてあるとした世の中の「もののあはれ」の根源を求めて『古事記』へと行きました。

『古事記』に登場する日本の神々は、「神たる自分の上に、さらにもっと上のものがいる」と考え、「自分では決められない、自分が決めてはいけない、自分のさらに上にいるものが答えを持っている」と考え、占いをする神々でした。

神話はその神話を持つ民族の世界観を示している、とよく言われます。神話学者の吉田敦彦学習院大学名誉教授は、次のように述べています。

《神話は人間の運命や秩序について自ら納得する真実の話として信じられ、規範として生活の細部にまで浸透していた。いいかえれば、人間はそれぞれの文化のなかで固有の神聖な説話を生み出し、かつ伝承しながらそれに則して生活を営んできたわけで、そこにはつねに神話が反映されていたといってよい》（『神話の構造』朝日出版社、１９７８年）

それぞれの民族の世界観は、時間を追って徐々に醸成されていく、といった性質のものではありません。日本で言えば、日本列島の風土の中に常に、最初からあり続けているものです。

それが、少なくとも数百年単位ではない、数千年数万年の年月をかけて語り継がれるという方法をもって、ある時期、凝縮されたかたちで表現されたものが神話です。したがって神話は、その神話を持つ民族の世界観を示すのです。

その、最も端的な例が聖書でしょう。聖書ほどわかりやすいかたちで、聖書を持つ人々の生活を規定し続けている神話はありません。そしてそれは、聖書に書かれていることに対する反逆をも含んで、すべてを内包してしまいます。

日本神話に示されている世界観は、「神様でさえ自分の上にもっと上のものがずっとずっといると考えている」という世界観です。その意味は、「道理はその都度その瞬間に人・もの・ことの関係から生成されるものであって、私をはじめ、誰かが持っているというものではない」ということです。そして、どのような関係性がどのような道理を生成するのか、そのケース・スタディのことを伝統ないし慣習と呼ぶのです。

もちろん、日本人一人ひとりがそういう世界観を自覚あるいは意識して生きている、あるいは生きていかなければいけない、ということではありません。人と人、あるいは人と物事とが関係した時に初めて立ち現れて世の中というものを考えさせるのが、その人が属する民族古来の世界観というものです。

日本神話に秘蔵されている「ありがとう」

前掲の『神話の構造』で吉田名誉教授が述べている通り、《人間はそれぞれの文化のなかで固有の神聖な説話を生み出し、かつ伝承しながらそれに則して生活を営んできたわけで、そこにはつねに神話が反映されて》いました。

日本神話に示されている、「神様でさえ自分の上にもっと上のものがいると考えている。道理はその都度その瞬間に人・もの・ことの関係から生成されるものであって、私をはじめ誰かが持っているというものではない」という世界観は、時に仏教世界をウルトラマンのようにとらえる神身離脱説に寄り添い、孝謙天皇（称徳天皇）をして、蚕の卵の吉兆をかたじけなくいただこう、と言わしめました。

また、「宿世」の思想とはこのうえなくマッチし、平安貴族たち、少なくとも『源氏物語』の登場人物たちの、仏教本位制による生活安全保障を成立させました。

そして、「神様でさえ自分の上にもっと上のものがいると考えている。道理はその都度その瞬間に人・もの・ことの関係から生成される」という世界観がそこにあるからこそ、『そんなものは「ない」と思っていたことが「ある」ということになったときの心の動き』に日本人は注目し、「ありえない」という意味の「ありがとう」が感謝の言葉になりえたのです。「ありがとう」の根は、古来、ありました。

おわりに

密やかに世界に誇るべき「ありがとう」の世界観

「いただきます」の現代史～参考として

「ありがとう」の根は、古来よりありました。新石器時代から縄文、弥生、日本古代と呼ばれる古墳、飛鳥、奈良、平安、そして中世、近世、近代、現代と、数万年にわたる時間を通して存在し、なお培われ続けている日本ならではの世界観を背負って、いま私たちの使う「ありがとう」という言葉はあるのです。

文献という明らかな事実・事象において、「ありがとう」の発露はまず、ささやかな規模で、『万葉集』の大伴家持の鷹の歌に現れました。大規模な発露があったのは、「宿世」が日常心理となった平安時代であり、『源氏物語』における「ありがたし」の多用を生みました。『源氏物語』には、ほぼ現代の「ありがとう」であるとも言える「ありがたうもと聞こえはべるも」というフレーズが登場しています。

その後の「ありがとう」という言葉の展開は前章までに述べた通りですが、いずれにしても、「ありがとう」という言葉そのものが現代のように広く一般化したのは、第一期尋常小学読本が使われ始めた1904（明治37）年以降です。

古くから使われている日本語だと思われているものが意外にそうでもなく、普及したのはごく最近だった、というのはよくある話です。

たとえば、「いただきます」という言葉もそのひとつです。「いただきます」という言葉は、いつから使われているかわからない古き良き日本の伝統だと一般的には考えられているようですが、実は昭和生まれです。ただし、良き伝統というものは本日ただいま生まれることもある、ということは当然のこととして承知しておく必要があります。

2013年に刊行された、『日本人はいつから「いただきます」するようになったのか』というたいへん興味深い電子書籍があります。著者の篠賀大祐氏は同書の中で、「いただきます」という食事の前の挨拶が世間に浸透し始めたのは1942（昭和17）年頃ではないか、としました。

その根拠として篠賀氏は、民俗学者の柳田國男《やなぎたくにお》がこの頃に「いただきます」という言葉が広まっているとエッセイに書いている、という事実を挙げています。

柳田國男はまた、《イタダクという言葉の乱用の元祖は料理番組の放送者であったように私は思っております》（『毎日の言葉』1942年頃）とも言っています。当時の「放送」とはラジオ放送のことです。テレビはまだありません。

篠賀氏は『日本人はいつから「いただきます」するようになったのか』の中で、当時のラジオ番組における料理番組内容のリサーチまで行っています。「いただきます」という挨拶に方言がないのはラジオで広まったからだろう、という篠賀氏の分析には、なるほど、と思わせる説得力があります。

1940年代から1960年代は、ラジオの普及と時期的に同じくして、日本映画が全盛を迎えた時代でした。日本人ひとりあたり、少なくとも年間10本程度の映画を見る時代が続いていました。

間に戦争を挟みますが、終戦前年の1944年でも20本以上、終戦の1945年にも満洲公開のものを含め40本以上の日本映画が封切りされています。

そこで、当時の日本映画をリサーチして「いただきます」の出現期を調べてみると、「いただきます」の実際が見えてきます。

1941年公開の小津安二郎監督作品に、『戸田家の兄妹』（松竹）があります。この映画に、ある少年が母親の前で弁当を食べるシーンが出てきます。

「お母さん、うまいよ。半分、あげようか」

「うん……」

弁当箱の中の飯を箸で半分に押し分けて
「僕、先に食べるよ」

食べ始める。（『戸田家の兄妹』）

「いただきます」とは言っていません。1941年公開ですから、実際の製作は脚本含め早くて1940年で、篠賀氏が境界線を引いた1942年より前の映画ですから、「いただきます」とは言っていなくて当然だろう、ということになります。

1942年公開の映画を見てみます。製作は脚本含め1941年あたりになりますから、微妙なところです。

小津安二郎監督の『父ありき』（松竹）が1942年公開です。少年の時の息子が父（笠智衆）の前で銘々膳のご飯を食べ終えるシーンがありますが、「ごちそうさま」と言っていません。「ごちそうさま」と「いただきます」はセットの挨拶だと考えられますから、「いただきます」とは言っていないはずです。

1944年公開の映画を2つ、見てみます。黒澤明監督の『一番美しく』（東宝）と、木下恵介《きのしたけいすけ》監督の『陸軍』（松竹）です。製作はおそらく1942年から1943年です。『一番美しく』には、軍需工場の大食堂のシーンがあります。女子工員が箸をとって食べ始めますが、「いただきます」とは言いません。『陸軍』には、家族で釜揚げの手打ちうどんを食べるシーンがあります。息子が2人いて、2人とも、「ごちそうさま」と言っていますから、「いただきます」とも言っていたはずです。

これで、製作時間との差を含めて、少なくとも1943年には「いただきます」という食前の挨拶があったことになります。

小津安二郎監督の映画に初めて「いただきます」が登場するのは、1947年の戦後初作品『長屋紳士録』（松竹）です。おたね（飯田蝶子《いいだちょうこ》）の家に長屋の人々が集まり、おたねが振る舞う食事に対して、1人の女性が高らかに「いただきます」と言います。《1941年公開の『戸田家の兄妹』、1942年公開の『父ありき』では「いただきます」とは言っていない》《1944年公開の『陸軍』では「ごちそうさま」と言っているから「いただきます」も言っていたはず》《1947年の『長屋紳士録』では見事に「いただきます」と言っている》ということになります。

篠賀氏が指摘しているように、柳田國男がコメントした1942年頃を境にして戦中から戦後にかけて「いただきます」が広まった、というのは、おそらくその通りでしょう。

そして、1951年には、きわめて現代的な「いただきます」が登場します。小津安二郎監督作品『麦秋《ばくしゅう》』の原節子の「いただきます」です。

原節子演じる主人公の紀子が、丸の内の勤め先から夜遅く、北鎌倉の間宮家自宅に帰ってきます。紀子はひとり、台所へ行き、漬物をあてにお茶漬けを食べ始めるのですが、その時に軽やかにひとこと、「いただきます」と言います。

誰に向かって言うのでもない、「いただきます」です。一人の時でも言う、きわめて現代的な「いただきます」はおそらくこのシーンから始まったのではないかと思えるくらい見事なシーンです。

「いただきます」と「ごちそうさま」は、現時点でおそらくは最も新しくできた、日本が世界に誇るべききれいな習慣および伝統ということになるでしょう。

世界一奥ゆかしく、世界一タフな日本

「ありがとう」の相手は「人」ではなく、「世の中」です。

「いやなことばっかり」であり、「私よりも大きい関係の動きでできていくのだから私がどうこうしたところでしかたがない」という「世の中」に「起こるはずがない、ありえない」と思われるようなことやものに出会った時、私たちは「ありがとう」と言うのです。

もちろん、「ありがとう」は一日に何度も、繰り返し、気軽に、あるいは大きな意味をこめて使いもする、時に呼吸のような言葉ですが、いずれにしてもこれが「ありがとう」の原理です。

「ありがとう」を生んだ日本古来の世界観、つまり「神様でさえ自分の上にもっと上のものがいると考えている。道理はその都度その瞬間に人・もの・ことの関係から生成されるものであって、私をはじめ誰かが持っているというものではない」という世界観には、一見、世の中に対する「あきらめ」というものがあります。

日本人の奥ゆかしさの根源がここにあります。そしてこの世界観が日本独特のものであるからこそ、日本人は世界一奥ゆかしいのです。

ただし、この「あきらめ」は、限りなく「希望」に近い「あきらめ」です。「神様でさえ自分の上にもっと上のものがいると考えている。道理はその都度その瞬間に人・もの・ことの関係から生成されるものであって、私をはじめ誰かが持っているというものではない」という日本古来の世界観には、『「私」があったところでしかたがない』というよりも、『はじめから「私」などはない。「私」という存在などは意識しない。今そこにある「関係」をまず楽しめ、喜べ、直すなら直せ、放っておくなら放っておけ』という過激な軽みがあります。

時にこのことをもって「日本人はノンキである」という民族評が述べられる場合がありますが、批判のつもりでそう言う人は、そんなのまるで悪口になっていませんよ、ということをちゃんと知っておくべきでしょう。

とはいえ、『はじめから「私」などはない。「私」という存在などは意識しない』と言ったところで、そんなはずはない、楽しんだり喜んだりしているのは「私」じゃないか、と思うのは当然です。「私」や「我」、「吾」という言葉もちゃんとあります。

そこで、「神様でさえ自分の上にもっと上のものがいると考えている。道理はその都度その瞬間に人・もの・ことの関係から生成されるものであって、私をはじめ誰かが持っているというものではない」という日本古来の世界観、日本人古来のメンタリティを自分が持っているのかいないのか、わかりやすく確認するのにひとつ、いい方法があります。

17世紀フランスの哲学者ルネ・デカルトは、著書『方法序説』で「我思う、ゆえに我あり」という哲学的命題を提唱したことでよく知られています。「我思う、ゆえに我あり」はラテン語「Cogito, ergo sum」（コギト・エルゴ・スム）の翻訳だがデカルト自身はそんなことは言っていない、などというのはどうでもいいことで、問題はあくまでも日本語の「我思う、ゆえに我あり」です。

「我思う、ゆえに我あり」は、一度は耳にしたことのあるフレーズだと思いますが、これを聞いた時にどう感じるか、ということです。

「なに、それ？」と感じるのかどうかです。

「みんなが私を私だと思ってくれているから我ありなんじゃないの。みんなが私を私だと思っていないのなら私なんていないよね」などといったことをあれこれ考え、最終的には「そんなの、どうでもいいけどさ」と思うのかどうかです。

デカルトは、聖書の世界観にある人だから「我」と言ってしまえます。

聖書の世界観にある人は唯一絶対の最高神に相対して、従うか、あるいは戦っています。そして、ここが肝心なところですが、『唯一絶対の最高神に相対しているのだから「我」は絶対にある』のです。

唯一絶対の最高神に相対しているからこそ「我」は絶対にある、ということが大前提としてあるからこそ、「我がある」とどうしてわかるのかと問うた時、「我が思うからだ」と言えてしまうわけです。

美術史・歴史学者の田中英道《たなかひでみち》東北大学名誉教授は、次のように述べています。

《「我思う、ゆえに我あり」という一七世紀のフランスの哲学者デカルトの言葉はあたかも正しいように聞こえます。では、「我」というのは、いったいどうやって「我」になったのでしょうか。母親と父親なしに「我」はありません。環境によって成り立った自分というものがあるということは、どんな場合でも自覚せざるを得ません。また、「我思う」だけで「我あり」と言えるのでしょうか。「我思う」の中に「人間」の「間」というものを介在させせなければ「我思う」わけにいかない、というのも当然のことです》（『虚構の戦

後レジーム』田中英道、啓文社書房、2023年）

重要なのは世界観の違いです。「ありがとう」と言って感謝する人々と、「I'm grateful to you.」と言って感謝する人々とでは、世界観が違います。人類みな兄弟、世界の人間みな同じ、は危険な発想です。

米国の社会科学シンクタンク「ピュー研究所（Pew Research Center）」の推計などを基にして算出された世界の宗教人口パーセンテージのランキングは2023年時点で、1位キリスト教31・0パーセント、2位イスラム教24・9パーセント、3位無宗教15・6パーセント、4位ヒンズー教15・2パーセント、5位仏教6・6パーセントとなっています。

第二次世界大戦後、日本は西側諸国と呼ばれる陣営に属し、欧米型のプラットホームの上で国家運営がなされ、経済活動がなされています。プラットホームとは価値観のことに他なりませんが、その欧米型の価値観を算出しているのは、キリスト教の『唯一絶対の最高神に相対しているのだから「我」は絶対にある』という世界観、ならびに聖書に書かれているルール群です。日本古来の世界観とはまったく異なる世界観を現代の日本はプラットホームとしている、ということになります。

数字の読み方によって評価は変わりますが、右記の宗教人口パーセンテージ・ランキングによれば、世界の3割を占める（あるいは3割程度に過ぎない）人々の世界観によって現在の日本の国家運営・経済活動の価値観が規定されている、ということです。

ただし、『唯一絶対の最高神に相対しているのだから「我」は絶対にある』という世界観はイスラム教においても同様ですから、こうした世界観は世界の半数強を占めている（あるいは半数強でしかない）ということになります。同様の世界観を持つユダヤ教はランキング外で0・2〜0・3パーセント程度ですが、ただし、世界の国家運営主要人、有力企業主要人、金融・投資関係主要人にユダヤ系の人々が多いという事実の影響力には人口パーセンテージでは語れないところもあります。

いずれにせよ、『唯一絶対の最高神に相対しているのだから「我」は絶対にある』という世界観は、そうした世界観を持つ人々の世界戦略によって、おそらくは大航海時代と呼ばれる15世紀に始まり現代に至る600年ほどをかけて世界人口シェア50パーセント強を得たということになります。ただし、これは、600年もかけたくせに50パーセント強にしかならなかったと言う方が正しい、という見方もできます。

日本は戦国期以来幕末まで、ヨーロッパが流入しようとする『唯一絶対の最高神に相対しているのだから『我』は絶対にある』という世界観を拒み、無視し続けました。転機となったのは、よく知られているようにペリーの黒船に代表されるロシアを含む欧米各国の日本への再接近であり、日本は明治維新以降、主に国土防衛を動機として、海外の世界観を調べ続け、いわば折り合いをつけるべく、今もまだ研究し続けているわけです。

そこにおいては先人各位の称賛すべき偉大な成功があり、尊敬すべき偉大な失敗がありますが、維新の年を仮に明治元年1868年とすると、2068年を迎えても明治維新からまだたったの200年です。新石器、縄文から数万年続く日本列島の文明の時間的規模を考えれば、今はたまたま欧米型のプラットホームに乗っかるふりをしてちょいと様子を見ているだけのこと、参考までに研究しているだけのこと、と言った方がいいくらいのタイムスパンです。

とはいえこれは、だから日本はもっと自信を持っていい、日本は自信を持つべきだ、などという説教じみた、消極的でちんまりした話とはなりません。

日本には、ぎりぎり短く見積もっても7世紀の天武天皇以来1400年間一貫した国体が続いているという世界に類を見ない政治史的事実があります。そして、数万年規模の長きにわたって同一の地域に人々の暮らしがあり続けているという、これもまた世界に類を見ない文明の事実があります。たとえば茨城県つくば市の上境《かみざかい》作《さく》ノ《の》内《うち》遺跡は縄文、平安、江戸期の遺物が連続して綿々と残る複合遺跡として知られていますが、こうした日本の複合遺跡の多くについて特筆すべきは、およそ数万年の生活のその上に現代の生活が今なお引き続き展開されているということです。

これは、事実をもってして、日本の歴史と伝統というものには筋金が入っているとしか言いようがない、という話なのです。

「神様でさえ自分の上にもっと上のものがいると考えている。道理はその都度その瞬間に人・もの・ことの関係から生成されるものであって、私をはじめ誰かが持っているというものではない」という世界観は、言い方を変えると、あらゆる世界観を飲み込んで消化・処理してしまえる世界観です。

そして、どのような関係性がどのような道理を生成するのか、そのケース・スタディとして民族の経験つまり伝統があるわけですが、日本は少なく見積もっても確かなところで縄文以来の一万年強、ケース・スタディを積み重ねてきています。一方、たとえばキリスト教は現時点で西暦そのままの２０００年強の経験、イスラム教は１４００年強の経験です。人の幸福は科学的に定義でき指導者の手で設計できるとした、ソ連の共産主義などはわずか69年間で崩壊しました。

簡単に言えば、消滅しない限り日本はいつまでたっても世界最強です。日本独特の、「神様でさえ自分の上にもっと上のものがいると考えている。道理はその都度その瞬間に人・もの・ことの関係から生成される」という世界観にあってこそ「ありがとう」という感謝の言葉を使う日本人は、事実として、世界一奥ゆかしいと同時に世界一タフであると評価する以外にありません。持つべきは、自信などではなくて自覚です。

＜著者略歴＞

尾崎克之（おざき かつゆき）

文化史研究家、作家。日本の歴史を公正に再見するための歴史研究会「歴史観測」主宰。株式会社インターソース代表。

昭和34年（1959年）、埼玉県東松山市生まれ。慶應義塾大学文学部フランス文学科卒業。広告制作会社でコピーライターとして勤務後、フリーランスのライターとして就業。インターソース発足後、ウェブサイト設計、ショート・ムービー制作。

文藝思潮（アジア文化社）主宰第八回銀華文学賞・歴史小説賞奨励賞（『小倉百人一首実朝歌余談』）受賞。東京国際ファンタスティック映画祭第3回デジタルショートアワード「600秒」部門『三途の縁側』エントリー上映。執筆、編集参加に『大河ドラマ検定公式問題集』『朝ドラの55年―全93作品完全保存版』（NHK出版）、『歴代天皇と元号秘史』『徳川家のすべて』『古代史再検証「万葉集」とは何か』『最新学説で読み解く日本の神話』『新解釈「日本書紀」封印された古代史』（宝島社）、『江戸の風物詩』『日本昔話を旅する』『坂本龍馬』『幕末維新のすべて』（洋泉社）、『大相撲で解く「和」と「武」の国・日本』（KKベストセラーズ）、『マンガでわかる天皇』（池田書店）、他多数。

2022年、歴史ファンタジー小説『イルカ殺し－大化改新（改）～窯変、乙巳の変の巻～』をワニブックス電子書籍専門レーベルDigiFastBookからリリース。

「ありがとう」という品性《ひんせい》
なぜ「ありえない」が感謝《かんしゃ》の言葉《ことば》になるのか

■発行日　令和6年6月24日　初版第一刷発行
■著者　尾崎克之《おざきかつゆき》
■発行者　漆原亮太
■発行所　啓文社書房
〒160-0022　東京都新宿区新宿5-7-8　ランザン5ビル5F
電話 03-6709-8872　FAX 03-6709-8873
■発売所　株式会社啓文社

■編集協力　啓文社
■DTP　株式会社三協美術
■印刷・製本　株式会社 光邦
■ブックデザイン　谷元将泰

ISBN 978-4-89992-090-8　C0030　Printed in Japan